Carl Böhret / Götz Konzendorf

Guidelines on Regulatory Impact Assessment (RAI)
Leitfaden zur Gesetzesfolgenabschätzung (GFA)

prepared for
the Federal Ministry of the Interior and
for the Ministry of the Interior of Baden-Wuerttemberg

Speyerer Forschungsberichte 234

Carl Böhret / Götz Konzendorf

GUIDELINES ON REGULATORY IMPACT ASSESSMENT (RAI)

LEITFADEN ZUR GESETZESFOLGENABSCHÄTZUNG (GFA)

Prepared for the Federal Ministry of the Interior and
for the Ministry of the Interior of Baden-Wuerttemberg

FORSCHUNGSINSTITUT FÜR ÖFFENTLICHE VERWALTUNG
BEI DER DEUTSCHEN HOCHSCHULE FÜR VERWALTUNGSWISSENSCHAFTEN SPEYER

2004

Projektleiter: Univ.-Prof. Dr. Carl Böhret

Projektbearbeiter: Dr. Götz Konzendorf

Bibliografische Information der Deutschen Bibliothek

Die Deutsche Bibliothek verzeichnet diese Publikation in der Deutschen Nationalbibliografie; detaillierte bibliografische Daten sind im Internet über http://dnb.ddb.de abrufbar.

(Speyerer Forschungsberichte ; 234)
ISBN 3-932112-72-5

Herstellung:

FORSCHUNGSINSTITUT FÜR ÖFFENTLICHE VERWALTUNG

bei der Deutschen Hochschule für Verwaltungswissenschaften Speyer

Umschlagentwurf:

© 8/97 TRIFTY ART Grafik Design • 67550 Worms • Hauptstr. 32 • Tel.: 0 62 41/95 15 38

Forward and Acknowledgements

It has been suggested on multiple occasions that we provide an English translation of the "Leitfaden zur Gesetzesfolgenabschätzung", first published in 2000, in order to promote international access to the advanced techniques of experimental legislation. The Federal Ministry of the Interior supported this recommendation.

Currently, the RIA-method with its many versatile facets is widely acknowledged. It is presented and discussed in scholarly research as well as in conferences. A growing number of complex projects related to each of the three RIA "Modules" provide recognized assistance in the further optimization of regulation.

It is of particular importance that the application of RIA has been integrated in the standing orders of ministerial proceedings, as this provides key support for the institutionalization of this procedure and its instruments. For example, the Guidelines and RIA-Handbook (2001) are – after additional practical tests – recommended as a practical aid in the execution of RIA (according to § 44 GGO) from the federal committee of the State Secretary on the program "Modern State – Modern Administration". And, in Rhineland-Palatine all legislative initiatives that are anticipated to have a broader relevance or an extensive impact are subject to a regulatory impact analysis.

We are grateful that the German Research Institute for Public Administration (GRIPA) has always supported our work on RIA. Our partners at the federal and *Länder* levels are equally deserving of our thanks for funding many of our projects and making it possible to test and improve the RIA-Method in a practical setting.

Jürgen Intveen assisted us in the first version, Ass. iur. *Carsten Brenski* in this Edition.

Ms. *Brooke Luetgert* (Master of Science) translated the guidelines into English: many thanks!

Speyer, November 2004 *Carl Böhret / Götz Konzendorf*

Vorbemerkung und Dank

Es wurde mehrfach angeregt, den 2000 erstmals veröffentlichten „Leitfaden zur Gesetzesfolgenabschätzung“ auch in englischer Sprache verfügbar zu machen, damit die fortgeschrittenen Ansätze einer experimentellen Rechtsetzung auch international leichter zugänglich würden. Das Bundesinnenministerium hat diesen Vorschlag unterstützt.

Derzeit wird die GFA-Methodik in all ihren Facetten vielseitig beachtet. Sie wird in wissenschaftlichen Veröffentlichungen und auf Tagungen dargestellt und diskutiert. Es gibt zu den drei „Modulen“ der GFA eine wachsende Anzahl unterschiedlich aufwändiger Projekte, die sich wiederum als anerkannte Hilfen bei der Optimierung von Rechtsvorschriften auswirken.

Von großer Bedeutung ist die Übernahme der GFA in ministerielle Geschäftsordnungen, womit sich die Institutionalisierung der Verfahren und Instrumente wesentlich unterstützen lässt. So werden beispielsweise Leitfaden und GFA-Handbuch (2001) nach zusätzlichen Praxistests vom Staatssekretärsausschuss „Moderner Staat – Moderne Verwaltung“ (Bund) als Arbeitshilfe bei der GFA (nach § 44 GGO) empfohlen. Und in Rheinland-Pfalz soll bei allen Gesetzesvorhaben von voraussichtlich großer Wirkungsbreite oder mit erheblichen Auswirkungen eine Gesetzesfolgenabschätzung durchgeführt werden.

Das Forschungsinstitut für öffentliche Verwaltung hat unsere Arbeiten zur GFA immer unterstützt, wofür wir danken. Den Partnern in Bund und Ländern, die viele Projekte förderten und es ermöglichten, die GFA-Methodik praxisnah zu erproben und weiter zu verbessern, sei ebenso gedankt.

Jürgen Intveen hat an der 1. Fassung mitgearbeitet, Ass. iur. *Carsten Brenski* unterstützte uns bei der vorliegenden Auflage.

Frau *Brooke Luetgert* (Master of Science) hat den Leitfaden ins Englische übertragen: besten Dank!

Speyer, im November 2004 *Carl Böhret / Götz Konzendorf*

Table of Contents

Table of Contents

Inhalt

Preface

The acceptance and effectiveness of law at both the federal and state level is an important reform area for state and administrative modernization. The goal of modernizing reform is to improve the quality of regulation and reduce regulatory density. Regulatory Impact Assessment provides a notable contribution in this area.

Various individual examples have shown that Regulatory Impact Assessment can be successfully implemented. However, a systematic and broadly applicable technique has been lacking up until now. In a project shared by the Federal Ministry of the Interior, the Ministry of the Interior of Baden-Wuerttemberg and the German University of Administrative Sciences, these guidelines and a detailed handbook were developed to provide the guiding principles for the practical application of Regulatory Impact Assessment.

These **Guidelines** are intended to offer a practice-oriented introduction to this approach. The different methods and most important procedural steps of Regulatory Impact Assessment are presented in a brief, comprehensible format. The Guidelines will help in choosing the most appropriate method and advisable scope of Regulatory Impact Assessment. This booklet also includes an indication of the results that may be expected following the application of the various methods.

The **Handbook** contains a detailed and comprehensive description of the methods, with which one can attain proven results using prospective, concurrent and retrospective Regulatory Impact Assessment. The directions and commentary provided for each step are supported with examples.

The Handbook also includes practical tips for adequately adapting the type and extent of Regulatory Impact Assessment within the context of financial or time restrictions and limited available sources of knowledge.

The completion of these Guidelines and the Handbook on Regulatory Impact Assessment is part of the Federal Government's program "Modern State – Modern Administration", initiated on December 1, 1999. The goal of this program is the reinvigoration of state and society through an extensive reform initiative. A detailed description of this program including current information may be accessed on the Internet at www.staat-modern.de.

Guidelines for Regulatory Impact Assessment

1. Introduction: Why Regulatory Impact Assessment?

Regulatory Impact Assessment (RIA) marks a major contribution in the reform of state activity and the modernization of administration. As a procedure used to optimize regulation, it helps to reduce regulatory volume, conserve finite resources and reduce the withdrawal of public support. In principle, it should facilitate fewer, but better, leaner and more comprehensible regulations, and thereby promote compliance and enforceability.

Regulatory Impact Assessment is intended to help ascertain and judge the probable impact and unintended consequences of drafted legislation. Current regulations may be examined to see if they have proven to be valuable. The analysis should be applied particularly in cases where the regulatory impact is widespread and considerable. It must consider potential future developments (societal, environmental, Europeanization, globalization) and include these aspects in the impact assessment. In this respect, today's comprehensive requirements differ from the legal tests and checklists of the 80s and 90s.

The intention of Regulatory Impact Assessment is to sustain the political and administrative process of legislation and help in rationalizing it. It does not replace the need for political decision-making and action. There are various ways of integrating it into the system of government; for example as instructions detailing the procedural rules of political and administrative bodies, or in the form of a new inspection office for statutes.

These guidelines provide a quick introduction to RIA. They offer an overview of the possibilities and procedures associated with RIA. This brochure should aid in the choice of RIA to apply; is a complete analysis required, or would a partial analysis restricted to selected procedures suffice? A detailed handbook is available for planning, implementing and evaluating RIA, and it contains copious examples of cases in which the procedures have proven their value in practice.

The Chair for Political Science at the German University for Administrative Sciences in Speyer prepared these guidelines as well as the handbook on Regulatory Impact Assessment for the Federal Ministry of the Interior and the Ministry of the Interior of Baden-Wuerttemberg.

We would like to thank all advisors and commentators, at home and abroad, for their suggestions in developing and testing the methods associated with Regulatory Impact Assessment, as well as for their input in drafting the Guidelines and the Handbook.

Speyer, June 2000 *Carl Böhret / Götz Konzendorf*

2. Regulatory Impact Assessment: Basic Principles

What is RIA?

Regulatory Impact Assessment is a procedure for recognizing and carrying out a comparative evaluation of the impact of regulations that are either planned, or that have already entered into force. It is designed to

- promote expert-aided development of alternative regulations and a comparative assessment of their impact,
- examine drafted legislation in accordance with defined criteria such as cost-effectiveness, transparency, and
- allow an ongoing or a restricted point-in-time evaluation of the tangible impacts of regulations that have entered into force (probationary testing).

Where to apply RIA?

Three RIA modules have been derived from the requirements specific to differing stages of the legislative process:

- Prospective RIA (pRIA) is a future-oriented impact assessment procedure based on alternative regulations,
- Concurrent RIA (cRIA) is a future-oriented procedure based on drafted legislation, and
- Retrospective RIA (rRIA) is a backward-looking procedure based on a legal provision that has already entered into force.

These three modules can be used as a continuous, uninterrupted procedure or applied individually. The following table provides an overview of the important characteristics of each module.

Table: The RIA modules and their characteristics

Module \ Characteristic	Time of Application	Central Question	Expected Result
pRIA	For planned regulation and for rough assessment of regulatory necessity	What regulatory alternatives promise most goal achievement? What effects can be expected where, for whom and when?	Selection of the optimal regulatory alternative; possible choice not to regulate
cRIA	During the developmental stage and for assessing drafts or drafted elements	Are the planned regulations appropriate for the addressees and for the regulatory field? Can the associated burdens and benefits be optimized?	Approval, amendment, improvement of the draft and drafted elements
rRIA	Sometime after a regulation has entered into force, when application experience is available	Could the goals of regulation be achieved? Is amendment recommended?	Proof of value (ex. goal achievement, acceptance); identification of necessary changes

What contribution do the individual modules make?

RIA provides political and administrative decision-makers with information on the foreseeable impact of alternative regulation (pRIA). It provides indications at an early stage relative to the subsequent compliance that can be expected and to the execution of legal provisions, as well as to the likely burdens and benefits (cRIA). As a follow-up control, probationary tests determine the degree to which goals have been achieved and the level of acceptance among addressees for the regulations that have come into force (rRIA).

How are these guidelines extended?

These guidelines outline basic characteristics of the three RIA modules. In each case, the modules propose expedient approaches and provide information for the application of RIA.

First, the aim of each module is described, after which typical questions are noted, that help provide instruction for the study in question. An outline is then created to indicate what the particular module is able to achieve. The next section presents suitable procedures and tools for important tasks and questions. Finally, the basics of the procedûre are described and portrayed in diagrams. It is possible to differentiate in each case between the preparatory, application and assessment phases.

The approaches described in these guidelines have been refined through practical application. This experience reveals that not all procedures and tools are equally suited for every intended regulation. The selection of assessment criteria, procedures and tools should be carried out for each individual RIA and must consider the regulatory goals, the particularities of the policy area, and the intention behind the study as well as available resources (time, staff, finances). This flexibility should not, however, lead to the omission of major elements. A planning process, guided by the stated intention, as well as stringency in application and methodical proficiency during assessment are indispensable in achieving the full benefit of a RIA.

A detailed explanation of specialized terminology, procedures and tools referred to in these guidelines may be found in the RIA Handbook.

3. The Three RIA Modules

3.1 Prospective RIA

Prospective RIA aids in the development of alternative regulation including the determination of its comparable impact and thereby yields the optimal potential regulation. The basis is regulatory intention. The perspective is future-oriented.

This can be applied to

- determine the necessity for regulation,
- develop alternative regulations and estimate their probable impact (efficacy, burden, within the context of future societal developments) and comparative advantage,
- summarize the practicality of alternative regulations,
- identify the optimal regulatory alternative.

Typical questions for prospective RIA:

- Is there a regulatory need within this defined policy area?
- How can the regulatory area be described?
- What alternative regulatory possibilities are available, and what impact (including long-term considerations) can be expected?

– Which regulatory alternative is most advantageous?

Prospective RIA

– describes and estimates the expected impact of regulatory alternatives,
– indicates likely associated burdens and benefits,
– accounts for the optimal goal attainment of a regulatory alternative,
– sketches the contours of drafted legislation.

Tasks and Questions of Prospective RIA

The following section relates typical tasks and questions to the appropriate procedures and tools.

Typical Tasks and Questions	**Procedures and Tools**
If it should be explored whether difficulties, obstacles, resistance and conflict may emerge within a regulatory field and what the impetus of these problems may be,	
	an analysis of the problem is appropriate. This analysis begins with the observation of conflicts, shortcomings, etc. within the regulatory area and searches for explanatory factors for the described problems (ex. in the regulatory area of forestry: a contradiction between ecological demands on one hand and leisure time activities on the other).
If goals have been established and it should be ascertained what goal achievement depends on,	
	the goals can be precisely defined with the help of a goal analysis, that explores which measures might advance the attainment of these defined goals (ex. does the establishment of forestry collectives/ partnerships contribute to efficient, proper and sustainable cultivation?).

Typical Tasks and Questions	Procedures and Tools
If the relationship between subsystems of the regulatory area should be analyzed,	
	a systems analysis is appropriate. With this instrument, the relevant impact fields can be identified and the interdependencies between them are shown (ex. in the regulatory area of nursing care insurance: the relationship of ambulatory to stationary care.
In every application of prospective RIA- following the execution of these analyses- regulatory alternatives must be developed. In order to do this	
	it is recommended that the technical and political knowledge within the regulatory field be used and the general governance of the state (ex. between market-oriented and strictly state regulated) be considered.
If different assumptions concerning the regulatory field should be considered,	
	then scenarios may be derived from developing societal trends (ex. in the regulatory area of shopping centers: assumptions concerning changes in buying behavior as related to technological development).
For the identification of impacts of regulatory alternatives – after considering where applicable all potential scenarios -,	
	consult experts and addressees (Workshops and questionnaires). The assessment criteria for an impact assessment are goal achievement, cost-effectiveness, compatibility with the developments in other areas and unintended consequences (ex. possible effects of an anti-graffiti law on painters. Many instruments may be used to this effect, for example: Delphi-Questionnaire, Science Court Procedure, benefit value analysis, computer simulation, cost-effectiveness estimation.

Basic Approach

Preparatory Phase

After deciding to apply a prospective RIA (Impulse), the next step involves an analysis of the regulatory field. An analysis of the problem, the goals to be achieved and the system is advised.

It is equally important to develop regulatory alternatives. While doing so, it is recommended to consider the status quo as a null-alternative, in addition to other policy alternatives. Generally speaking, it is advisable to develop scenarios for the regulatory surroundings, in order to better anticipate the basic conditions that may later affect the regulation.

In exceptional cases, scenario-building may be omitted.

> *Suggestion:*
> In the preparatory phase techniques to enhance creative thinking, a literature review, expert interviews and other helpful instruments may prove useful in describing, structuring and systematizing the relevant object.

Finally, the instruments and procedures required for the impact assessment, for example the Delphi-method or cost-effectiveness estimation, should be selected and conceptually as well as organizationally prepared. In every case, a workshop with experts and addressees should be planned.

Application Phase

In this phase, a workshop including experts from the regulatory area as well as addressees should be carried out. While selecting the workshop participants it is important to consider the following criteria in order to ensure a productive and non-biased discussion: The addressees should be directly affected by the regulatory area. The experts should be independently chosen, belong to different academic disciplines (Interdisciplinary) and be active in different areas (such as academia, public administration, industry, commerce) and levels (planning / coordination; execution).

The workshop is intended to evaluate the previously developed regulatory alternatives according to their technical correctness, internal coherence and comprehensiveness. Additionally, the experts and addressees should – after considering all potential scenarios – estimate and assess the expected impact according to the assessment criteria.

The results should be documented. During the execution of the workshop selected – primarily qualitative – instruments for regulatory impact assessment have to be employed.

Additionally, quantitative instruments (ex. Delphi-Questionnaire) may be useful in empirically assessing the impact of regulatory alternatives – after considering all potential scenarios. For this purpose, additional experts and addressees may be consulted.

Furthermore, the results of the qualitative and quantitative surveys should be incorporated systematically in impact-oriented systems analyses. With the help of information- and communication-technology, these analyses can also be estimated using computer-simulation.

Assessment Phase

The application phase of a prospective RIA is followed by the systematic assessment, preparation and documentation of all steps taken and of the ensuing estimated result. Additionally, suggestions for an optimal regulatory alternative should be made. The selection of a regulatory alternative, that might be legally implemented, proceeds at the political decision-making level on the basis of the results of the prospective RIA.

The standard approach is illustrated in Diagram 1.

Diagram 1: Recommended procedure for a prospective RIA

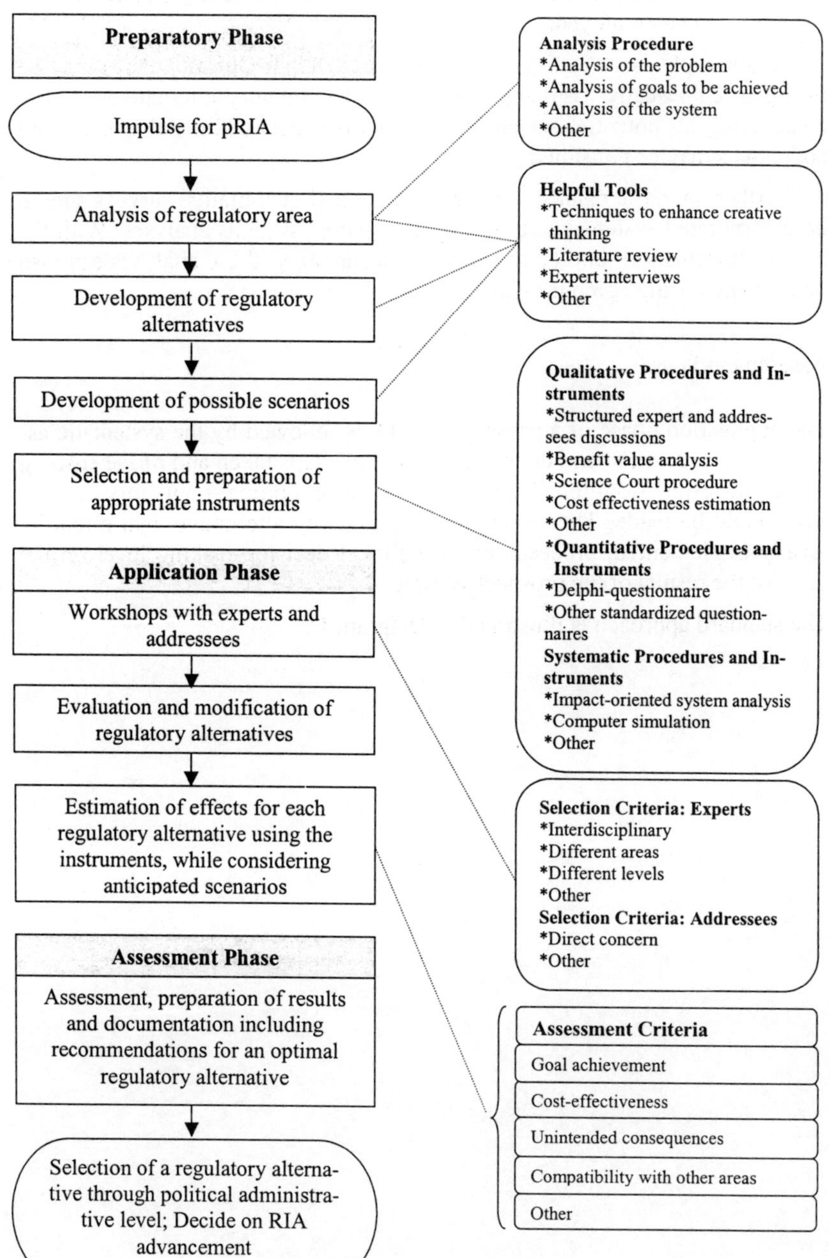

3.2 Concurrent RIA

Concurrent RIA aids in the examination and testing of drafted legislation or sections thereof. The basis is drafted regulation. The perspective is future-oriented.

This can be applied to

- analyze a draft according to specific assessment criteria (ex. practicality, cost impact),
- realistically test drafted legislation or sections thereof,
- minimize uncertainty related to possible unintended consequences,
- optimize drafted legislation.

Typical questions for concurrent RIA:

- Are the planned regulations easy to follow and acceptable?
- Are the planned regulations executable and efficiency promoting?
- Are the burdens and benefits (Cost/Benefit; optimal distribution) resulting from the planned regulations optimally allocated?

Concurrent RIA

- illustrates the extent to which the drafted regulation is easy to follow, executable, efficiency promoting, cost-effective and successful in an optimal distribution of associated burdens and benefits,
- aids in eliminating unnecessary regulations and encouraging simplification,
- makes loopholes and short-comings apparent and offers opportunity for correction, uncovers contradictions, ambiguities and unintended results, and recommends possibilities for their correction or reduction.

Tasks and Questions of Concurrent RIA

The following section relates typical tasks and questions to the appropriate procedures and tools.

Typical Tasks and Questions	**Procedures and Tools**
If drafted regulation should be assessed partially or in its entirety,	the relevant assessment criteria should be chosen (ex. application practicality, distributional effects, meaningfulness) according to which the impact-relevant sections of regulation can be identified.
If the assessment criteria and the sections relevant for appraisal have been selected,	the choice for the appropriate test method (ex. simulation/ test in practice) and assessment instruments (ex. cost-impact analysis) should follow.
If it should be ascertained, whether and to what extent the planned regulations (measures) will achieve stated goals,	then a benefit-value analysis is most useful (ex. Which regulations introducing taxation stickers for cars best achieve the desired goals?).
If it should be tested, whether the administrative practitioner can easily and efficiently apply the provision,	then a trial run is advised (ex. Does the establishment and management of carpool opportunities work?) or human resource cost estimates may be helpful (ex. Is more staff required when dues are to be imposed for illegitimate utilization of social housing?).
If it should be tested, whether the addressees can easily and efficiently follow the provisions,	then simulations/ tests in practice and trial runs are appropriate (ex. Can we expect smooth cooperation during catastrophe relief efforts?).

Typical Tasks and Questions	Procedures and Tools
If it should be tested, whether the new regulations may lead to (excessive) institutional and financial burdens,	then organization-specific assessment tools should be applied. These may include: a functional diagram (ex. How is burden distributed among the organizational elements when new economic plans are drafted?) or cost-impact analysis (ex. How high can the bureaucratic burden be on small businesses?) in addition to a cost-benefit analysis (ex. Which university funding program achieves an optimal distribution of burdens and benefits?).
If other legal provisions are affected or conflicting interaction among legal norms is suspected,	then interdependence and interaction analyses may be applied (ex. When considering ambulatory care, how should we judge the interdependence between proposed legislation on nursing care insurance and current legislation on health care insurance?).
If it should be confirmed, whether the addressees understand the drafted legislation and can follow or utilize it accordingly,	then understandability and consistency checks are appropriate (ex. Are the assessment principles for environmental effects clearly stated in the legislation regulating environmental impact assessment; Is the regulation well structured?).
If completely new set of circumstances are to be regulated,	then acceptance studies and simulations/ tests in practice can be used to estimate the reaction of the addressees and entire regulatory field.

Basic Approach

Preparatory Phase

After deciding to apply a concurrent RIA (Impulse), the suitable assessment criteria (ex. practicality; cost impact) and the sections of the drafted legislation (ex. Section x or Article y,z) should be determined.

Subsequently, the appropriate testing procedures (ex. simulation/ test in practice) and assessment tools (ex. cost-benefit analysis) may be chosen in-keeping the previously determined assessment criteria (ex. can practicality be assessed using a trial run). Finally, the tests and methods of analysis chosen for the particular case at hand should be planned and organized.

Application Phase

In this phase the selected tests and assessment methods are implemented. When executing the tests, the addressees should be involved whenever possible. This is also recommend when applying the assessment tools; unless sufficient information concerning the object of interest (ex. cost estimates) is already available.

> *Suggestion:*
> The resources required by the tests and analyses may differ greatly. A trial run, for example, requires a larger investment of resources (participants, time, assessment) than a simple cost-impact analysis would. The additional effort must be weighed against the expected estimation gains.

Assessment Phase

This phase includes the systematic assessment, preparation and documentation of the test results. These steps yield recommendations for the change and modification of the drafted regulation, or they will support the recommended regulation as it stands. Based upon these recommendations, modification of the drafted regulation may follow.

The standard approach is illustrated in Diagram 2.

Diagram 2: Recommended procedure for a concurrent RIA

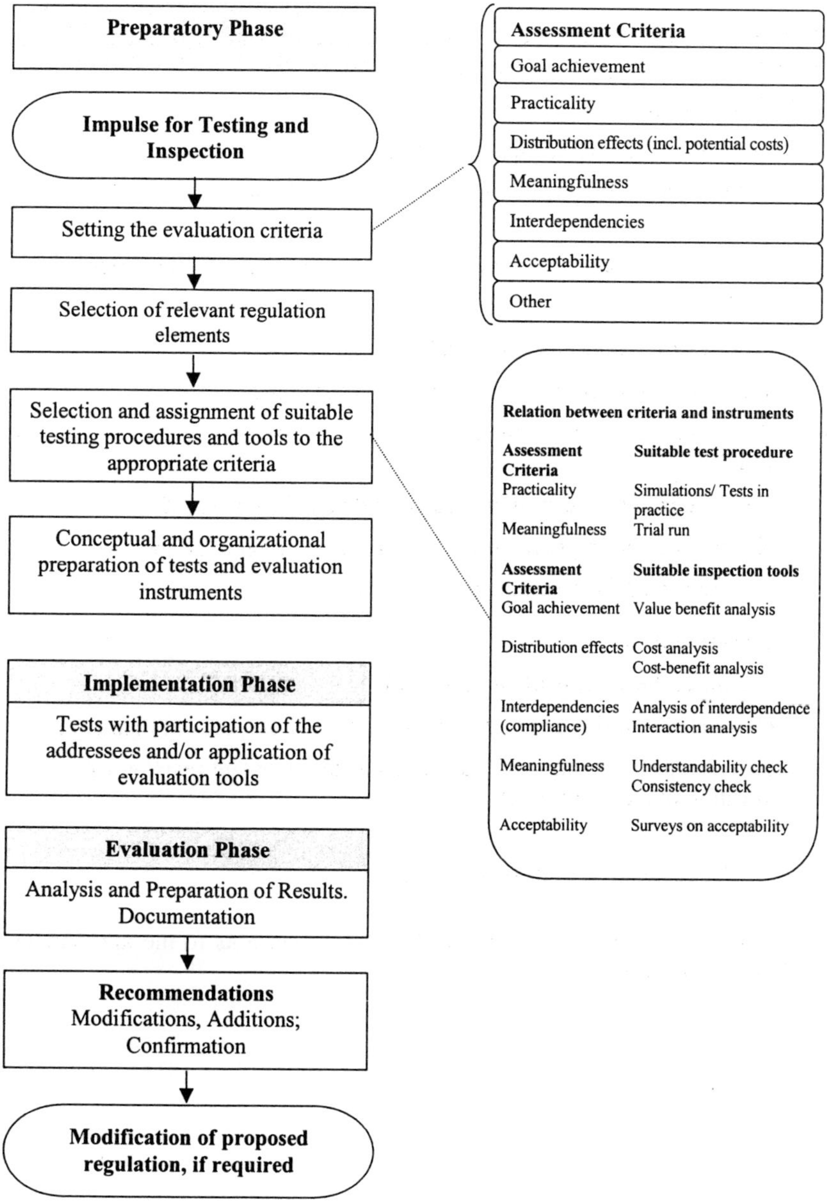

Preparatory Phase

Impulse for Testing and Inspection

↓

Setting the evaluation criteria

↓

Selection of relevant regulation elements

↓

Selection and assignment of suitable testing procedures and tools to the appropriate criteria

↓

Conceptual and organizational preparation of tests and evaluation instruments

Implementation Phase

Tests with participation of the addressees and/or application of evaluation tools

Evaluation Phase

Analysis and Preparation of Results. Documentation

↓

Recommendations
Modifications, Additions; Confirmation

↓

Modification of proposed regulation, if required

Assessment Criteria
Goal achievement
Practicality
Distribution effects (incl. potential costs)
Meaningfulness
Interdependencies
Acceptability
Other

Relation between criteria and instruments

Assessment Criteria	**Suitable test procedure**
Practicality	Simulations/ Tests in practice
Meaningfulness	Trial run

Assessment Criteria	**Suitable inspection tools**
Goal achievement	Value benefit analysis
Distribution effects	Cost analysis Cost-benefit analysis
Interdependencies (compliance)	Analysis of interdependence Interaction analysis
Meaningfulness	Understandability check Consistency check
Acceptability	Surveys on acceptability

3.3 Retrospective RIA

Retrospective RIA is intended to identify the consequences resulting from a legal provision. The perspective is backward-looking.

This can be applied to

- summarize the goals achieved by a regulation in retrospect,
- identify the unintended consequences and additional effects of a regulation,
- decide on the need for and extent of the amendment of the current regulation.

Typical questions for retrospective RIA:

- Were the goals behind the current regulation achieved?
- What unintended consequences have materialized and are these significant?
- To what extent have related burdens and benefits emerged?
- Has the regulation proven to be practical and straightforward?
- Is there a need for amendment or revocation?

Retrospective RIA

- illustrates the success of current regulation,
- clarifies the starting points for an improvement of a current regulation,
- provides justification for an amendment to, complete revision of, or revocation of a current regulation.

Tasks and Questions of Retrospective RIA

The following section relates typical tasks and questions to the appropriate procedures and tools.

Typical Tasks and Questions	Procedures and Tools
If the results of a regulation are to be evaluated,	the assessment criteria must be established. Possible assessment criteria are level of goal achievement, cost-benefit effects, acceptance, practicality and unintended consequences (ex. For a fire safety regulation: Did the clarification of competency areas lead to the smooth coordination and cooperation of relief units?).
If the level of goal achievement is to be explored,	it is recommended, in many cases, to establish the connection between the goals and the measures set out in the legal provision and to illustrate these in a model showing interaction effects (ex. Which measures included in a nursing care insurance law support the goal "ambulatory rather than stationary care"? What is the relationship between this goal and the higher objective "social protection against the risk of permanent nursing care needs"?).
If it is asked, where the impacts of a provision have emerged,	the addressees and the targeted fields (ex. ecology, economy) can be extrapolated from the individual regulations.
In order to successfully complete an evaluation,	a measure is necessary to determine which data are required. Comparative surveys should be carried out using target-values (ex. car emissions levels) as stated in the regulation. If these are not available, other methods of comparison may be applied (Before-After; Time-series analysis after the regulation has entered into force; case studies).

Typical Tasks and Questions	Procedures and Tools
In order to collect the data needed for an e-valuation,	relevant materials (ex. nursing care statistics) may be referred to and regular reports can be required and utilized. If needed, field studies and expert / addressee workshops may be held.
If the evaluation deadlines are not explicitly stated in the regulation,	these deadlines should be set. In this respect, application experiences should be available (ex. with a catastrophe protection law: Have the first incidents been handled since the legislation entered into force?).
In order to complete an analysis of the relevant data,	the appropriate statistical and content-analytical methods must be applied (ex. time-series analysis).
In order to assess the resulting impacts of a provision,	it will be explored, whether the goals have been achieved at the intended level, whether the regulations were accepted, whether the unintended consequences and the cost development are acceptable. Furthermore, the applied procedures as described in the regulation should be evaluated with respect to their practicality.

Basic Approach

Preparatory Phase

Following the initial decision to apply a retrospective RIA (Impulse), the next step is to select the assessment criteria. Fundamental assessment criteria include the level of goal attainment, cost developments, cost-benefit effects, acceptance of the regulation, practicality and unintended consequences.

If the level of goal achievement is to be evaluated, a model showing interdependencies should be used to describe the regulation at hand. The interaction-effects model reveals the interdependencies between the regulatory goals and the individual measures as are indicated in the provision.

The scope of evaluation is determined in the next step. It should be decided which sections of the regulation will be analyzed. For the evaluation of a regulation according to set assessment criteria, the tangible developments within the policy area of this regulation should be analyzed using a comparative approach. The standard of comparison should be the target values as stated in the regulation (target-actual performance comparison). If these figures are not available, the following sources may be consulted:

- Data and developments within the law's period of applicability in comparison with the relevant data prior to the law's entry into force (before-after comparison),
- Data and developments following a regulation's entry into force taken at different time periods (ex-post analysis in the form of a time-series analysis subsequent to the regulation's entry into force),
- Data and developments within the policy area of the regulation in comparison with the relevant data in the policy area of another regulation targeting the same object (case studies; ex. a comparison from regulations in comparable countries).

The appropriate type of comparison or combination of comparisons must be determined independently for each case.

Subsequently, testable conjectures (hypotheses) should be formulated in keeping with the evaluation criteria; the assessment must be operationalized (ex. The nursing care insurance law leads to a higher percentage of ambulatory treatment within the entire field of medical care). Afterwards, it should be determined when and where data collection may proceed. Then the type of data collection should be chosen and conceptually as well as organizationally prepared.

Data collection may proceed using consecutive reports, field studies and expert/addressee workshops. Official resources (ex. statistics) may also be included. The evaluation procedures for the data yet to be collected should be outlined.

Application Phase

In this phase the data must be collected. This process should follow the standard empirical-analytical procedures.

Assessment Phase

The collected data must be analyzed in a comparative fashion. Depending on the type of data (qualitative, quantitative) content-analysis or statistical analysis is recommended. Subsequently, the results should be compared. The quality of the provision is assessed relative to the chosen assessment criteria. The following questions should be considered during this appraisal:

- Were the goals achieved at the intended level?
- Are the unintended consequences and cost developments acceptable?
- Are the described procedures practical?
- Have the regulations been accepted?
- Does the interaction between the intended goals and the related measures included in the regulation fit as expected; in other words, does the regulation fit the implicit interaction model?

The procedure and the assessment results as well as the corresponding recommendations must be documented. As a result the amendment, revocation or complete revision of the evaluated regulation may be recommended and sketched out.

The result may also be a recommendation to retain the legislation as is, if it has proven to be valuable. The particular decision to amend, revoke, completely revise or retain the unchanged regulation is left to the politically responsible institutions (the parliament; or responsible executive body).

The standard approach is illustrated in Diagram 3.

Diagram 3: Recommended procedure for a retrospective RIA

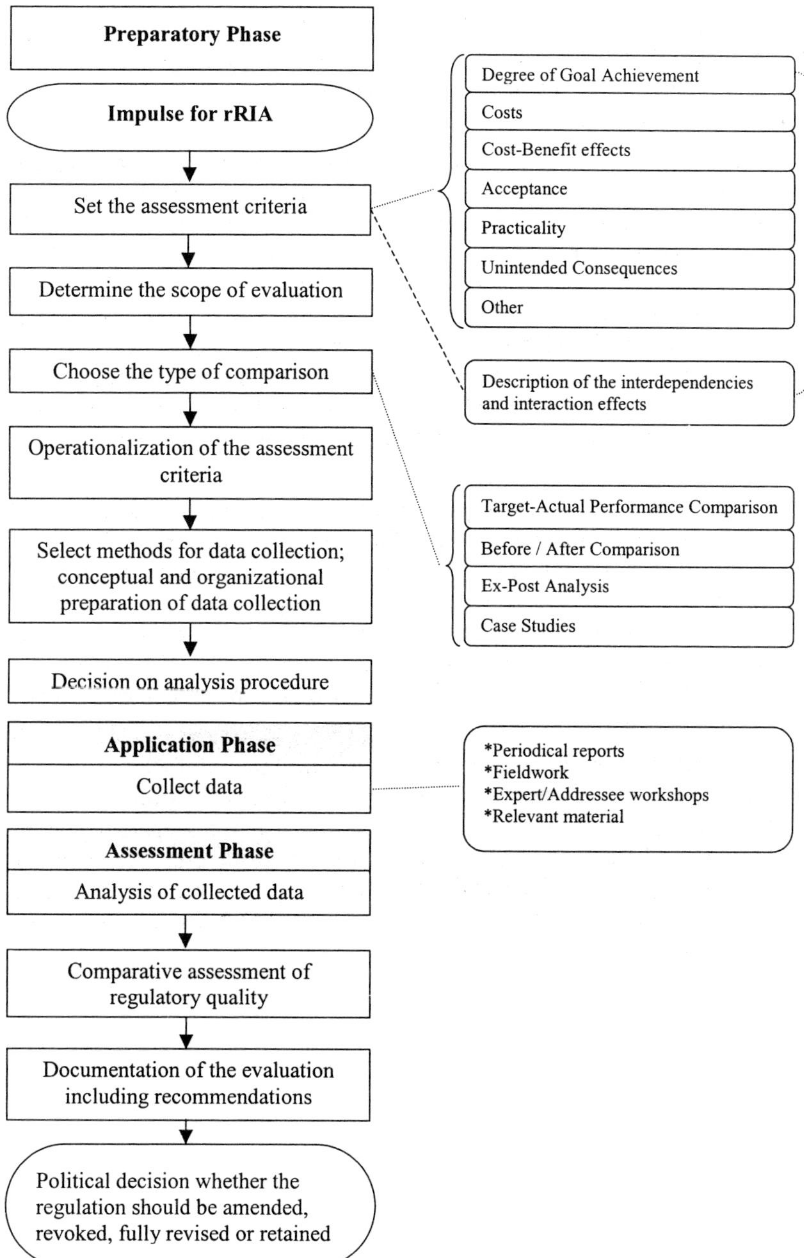

4. Recommendations for Application

These Guidelines can only provide the principles, modules and basic approach of Regulatory Impact Assessment as they have been proven in practice. This general introduction can be supported in many ways. **Three extensions** are recommended:

1. When applying RIA, refer to the detailed **"Handbook of Regulatory Impact Assessment"**. This practice-oriented instruction manual is the first handbook on RIA, and it includes a detailed description of the tools and procedures for each of the three RIA-modules referred to in these Guidelines. This comprehensive description is further enhanced with application experiences and application suggestions that have been tested in practice. The Handbook also includes a glossary and an index of keywords that are helpful for application in addition to suggestions concerning the results to be expected from the individual procedures and instruments as well as the respective resource requirements and support opportunities.
2. **Practice-oriented workshops** promote an in-depth understanding of RIA and thereby facilitate the comfortable use of these procedures and instruments. Project-oriented seminars on proposed regulation or respective accessible demonstrative examples are offered by and may be scheduled with the German Federal Academy of Public Administration, the German University of Administrative Sciences, Speyer / Research Institute for Public Administration, the state of Baden-Wuerttemberg and occasionally with other *Länder*.
3. All experiences with the development and application of RIA show that this challenging process largely depends on successful **cooperation** among the political decision-making level, legislative preparatory units and external (methodological) technical competence. Such "committed RIA-coalitions" have been and continue to be the best recipe for success, which is measured by having fewer, but better, leaner and more coherent regulations.

Selected Literature

Handbook

Böhret, Carl / Konzendorf, Götz, Handbuch zur Gesetzesfolgenabschätzungen, Berlin 2000 (with additional suggested reading and detailed Information).

Essays and Journal Articles

Böhret, Carl / Konzendorf, Götz, Gesetzesfolgenabschätzungen (GFA): Modisch oder hilfreich?, in: Schreckenberger, Waldemar / Merten, Detlef (eds.), Grundfragen der Gesetzgebungslehre, Berlin 2000.

Bussmann, Werner, Die Methodik der prospektiven Gesetzesevaluation, in: Gesetzgebung heute (LeGes), 3/1997, pp. 109 ff.

Grimm, Christoph / Brocker, Lars, Die Rolle der Parlamente im Prozeß der Gesetzesfolgenabschätzung, in: Zeitschrift für Gesetzgebung, 14. Jhg., 1999, pp. 58 ff.

Konzendorf, Götz, Gesetzesfolgenabschätzung, in: Universitas – Zeitschrift für interdisziplinäre Wissenschaft, 54. Jhg., October 1999, pp. 952 ff.

Konzendorf, Götz, Gesetzesfolgenabschätzung, in: Bandemer, Stephan von / Blanke, Bernhard / Nullmeier, Frank / Wewer, Göttrik (Hrsg.), Handbuch zur Verwaltungsreform, Opladen 2004 (in print).

Neuser, Klaus, Mehr Rationalität durch Gesetzesfolgenabschätzung?, in: Niedersächsische Verwaltungsblätter, 5. Jhg., 11/1998, pp. 249 ff.

Editorials

Hill, Hermann / Hof, Hagen (eds.), Wirkungsforschung zum Recht II. Verwaltung als Adressat und Akteur, Baden-Baden 2000.

Hof, Hagen / Lübbe-Wolf, Gertrud (eds.), Wirkungsforschung zum Recht I. Wirkungen und Erfolgsbedingungen von Gesetzen, Baden-Baden 1999.

Journals primarily concerned with the topic of regulatory assessment:

Zeitschrift für Gesetzgebung, Heidelberg.

Gesetzgebung heute (LeGes), Bern.

Inhalt

Vorwort

Für Bund und Länder ist die höhere Akzeptanz und Wirksamkeit von Recht ein wichtiger Reformbereich der Staats- und Verwaltungsmodernisierung. Erklärtes Ziel hierbei ist, die Qualität der Rechtsvorschriften zu verbessern und die Regelungsdichte zu verringern. Einen Beitrag dazu kann die Gesetzesfolgenabschätzung leisten.

Verschiedene Einzelbeispiele haben gezeigt, dass Gesetzesfolgenabschätzungen erfolgreich durchgeführt werden können. Eine Systematisierung und Verallgemeinerung dieser Erfahrungen gab es bisher jedoch nicht. In einem gemeinsamen Projekt des Bundesministeriums des Innern mit dem Innenministerium Baden-Württemberg und der Deutschen Hochschule für Verwaltungswissenschaften Speyer entstanden daher ein Leitfaden und ein Handbuch zur Gesetzesfolgenabschätzung als Unterstützung für die Praxis.

Der vorliegende **Leitfaden** soll praxisorientiert den Einstieg in diese Thematik erleichtern. In verständlicher und knapper Form werden die unterschiedlichen Methoden und die wichtigsten Verfahrensschritte der Gesetzesfolgenabschätzung dargestellt. Der Leitfaden hilft, die geeignetste Methode und den zweckmäßigsten Umfang der Gesetzesfolgenabschätzung auszuwählen. Er enthält weiterhin Hinweise, welche Ergebnisse bei der Anwendung der verschiedenen Methoden zu erwarten sind.

Im **Handbuch** werden die Methoden ausführlicher und vertieft dargestellt, mit denen man bei vorherigen, begleitenden und nachträglichen Gesetzesfolgenabschätzungen zu überprüfbaren Ergebnissen kommt. Die Anleitungen und Kommentierungen zu den einzelnen Schritten sind mit Beispielen unterlegt. Das Handbuch enthält als Arbeitshilfe auch Hinweise, wie Art und Umfang der durchzuführenden Gesetzesfolgenabschätzung sinnvoll den zeitlichen oder finanziellen Rahmenbedingungen oder den zur Verfügung stehenden Erkenntnisquellen angepasst werden können.

Die Erstellung des Leitfadens zur Gesetzesfolgenabschätzung mit dem Handbuch ist ein Projekt des am 1. Dezember 1999 beschlossenen Programms der Bundesregierung „Moderner Staat – Moderne Verwaltung“. Ziel ist die Erneuerung von Staat und Gesellschaft in einer umfassenden Reforminitiative. Eine ausführliche Darstellung des Programms mit aktuellen Informationen ist im Internet unter www.staat-modern.de zu finden.

Leitfaden zur Gesetzesfolgenabschätzung

1. Einleitung: Warum Gesetzesfolgenabschätzung?

Die Gesetzesfolgenabschätzung (GFA) ist ein wichtiger Beitrag zur Reform der Staatstätigkeit und zur Verwaltungsmodernisierung. Als Verfahren zur Rechtsoptimierung trägt sie zur Verminderung der Regelungsmenge, zum sparsamen Umgang mit knappen Ressourcen und zur Vermeidung von Akzeptanzverlusten bei. Sie soll prinzipiell weniger, dafür bessere, schlankere und leichter verstehbare Regelungen ermöglichen und damit auch deren Befolgbarkeit und Vollziehbarkeit fördern.

Gesetzesfolgenabschätzung soll helfen, die wahrscheinlichen Folgen und Nebenwirkungen rechtsförmiger Regelungsvorhaben zu ermitteln und zu beurteilen. Geltende Rechtsvorschriften können auf ihre Bewährung hin geprüft werden. Sie soll insbesondere bei Rechtsvorschriften mit beträchtlicher Wirkungsbreite und erheblichen Folgen angewendet werden. Sie muss Zukunftsperspektiven und Entwicklungen (Gesellschaft, Umwelt; Europäisierung, Globalisierung) berücksichtigen und in die Folgenabschätzung einbeziehen. Das unterscheidet den heutigen – umfassenderen – Anspruch von den Gesetzestests und Prüflisten der 80er und 90er Jahre.

Die Gesetzesfolgenabschätzung soll den politisch-administrativen Prozess der Gesetzgebung unterstützen und zu seiner Rationalisierung beitragen. Sie ersetzt nicht die politische Entscheidungs- und Handlungsverantwortung. Es gibt unterschiedliche Möglichkeiten, sie in das Regierungssystem zu integrieren; so z.B. als Anweisungen in den Geschäftsordnungen politisch-administrativer Instanzen oder in Form von Normprüfstellen neuen Typs.

Dieser Leitfaden ermöglicht einen raschen Einstieg in die GFA. Er bietet einen Überblick über die Möglichkeiten und Vorgehensweisen der GFA. Er soll die Entscheidung erleichtern, ob eine GFA erwogen werden kann, ob sie vollständig vorgenommen oder ob sie auf ausgewählte Verfahren beschränkt werden soll. Für die Konzeption, Durchführung und Auswertung einer GFA steht ein ausführliches Handbuch zur Verfügung, das viele praxiserprobte Beispiele enthält.

Der vorliegende Leitfaden und das Handbuch zur Gesetzesfolgenabschätzung wurden erstellt am Lehrstuhl für Politikwissenschaft der Deutschen Hochschule für Verwaltungswissenschaften Speyer im Auftrag des Bundesministeriums des Innern und des Innenministeriums Baden-Württemberg.

Für Anregungen bei der Entwicklung und Erprobung der Methodik der Gesetzesfolgenabschätzung sowie für die Erstellung von Leitfaden und Handbuch danken wir allen in- und ausländischen Beratern und Kommentatoren.

Speyer, im Juni 2000 *Carl Böhret/Götz Konzendorf*

2. Gesetzesfolgenabschätzung: Grundlagen

Was ist GFA?

Gesetzesfolgenabschätzung ist ein Verfahren zur Erkundung und vergleichenden Bewertung von Folgen beabsichtigter bzw. in Kraft getretener Rechtsvorschriften. Sie dient

- der expertengestützten Entwicklung von Regelungsalternativen und deren vergleichender Folgenbeurteilung,
- der Überprüfung von Entwürfen nach bestimmten Kriterien wie Kosten/Wirksamkeit, Verständlichkeit,
- der laufenden oder zeitpunktbezogenen Evaluierung der tatsächlich eingetretenen Wirkungen in Kraft gesetzter Rechtsvorschriften (Bewährungsprüfung).

Wo setzt GFA an?

Aus den Anforderungen unterschiedlicher Stadien der Gesetzgebung wurden drei GFA-Bausteine (Module) abgeleitet:

- Die prospektive GFA (pGFA) als vorausschauendes Verfahren der Folgenabschätzung auf der Basis von Regelungsalternativen.
- Die begleitende GFA (bGFA) als vorausschauendes Verfahren auf der Basis eines rechtsförmigen Entwurfs.
- Die retrospektive GFA (rGFA) als rückschauendes Verfahren auf der Basis einer in Kraft getretenen Rechtsvorschrift.

Diese drei Module können als durchgängiges Verfahren oder auch einzeln verwendet werden. Die folgende Tabelle beschreibt hierzu in Kurzform wichtige Merkmale.

Tabelle: Die GFA-Module und ihre Merkmale

Merkmal / Modul	Zeitpunkt	Zentrale Fragestellungen	Erwartbares Ergebnis
pGFA	Bei beabsichtigter rechtsförmiger Regelung und zur Grobprüfung der Regelungsnotwendigkeit	Welche Regelungsalternative verspricht die bestmögliche Zielerreichung? Welche Effekte sind wo für wen und wann zu erwarten?	Auswahl einer optimalen Regelungsalternative; ggf. auch Nicht-Regelung
bGFA	Im Entwurfstadium sowie zum Test und zur Prüfung von Entwürfen oder ausgewählter Teile	Sind die geplanten Regelungen für Normadressaten geeignet, für das Regelungsfeld treffend, sind Be- und Entlastungen optimierbar?	Bestätigung, Ergänzung, Verbesserung des Entwurfs und von Entwurfsteilen
rGFA	Einige Zeit nach Inkrafttreten einer Rechtsvorschrift, wenn Anwendungserfahrungen vorliegen	Konnten Regelungsziele erreicht werden? Ist eine Novellierung ratsam?	Grad der Bewährung (z.B. Zielerreichung, Akzeptanz); erforderliche Änderungen

Was bringen die einzelnen Module?

Die GFA stellt politisch-administrativen Entscheidungsträgern Informationen über vorhersehbare Folgen von Regelungsalternativen bereit (pGFA). Sie liefert frühzeitig Hinweise auf spätere Befolgbarkeit und Vollziehbarkeit von Rechtsvorschriften, einschließlich der zu erwartenden Be- und Entlastungen (bGFA). Bewährungsprüfungen ermitteln als nachträgliche Kontrolle den Zielerreichungsgrad und die Akzeptanz der in Kraft gesetzten Rechtsvorschriften bei den Normadressaten (rGFA).

Wie ist dieser Leitfaden im Weiteren aufgebaut?

Dieser Leitfaden skizziert grundlegende Merkmale der drei GFA-Module. Er schlägt für jedes Modul zweckmäßige Ansatzpunkte vor und gibt Hinweise für die Durchführung der GFA.

Zunächst wird jedes Modul in seiner Zielsetzung beschrieben, dann werden typische Fragestellungen angegeben, die die jeweilige Untersuchung anleiten. Anschließend wird skizziert, was mit dem jeweiligen Modul erreicht wird. Es folgt ein Abschnitt, in dem wichtigen Aufgaben- und Fragestellungen geeignete Verfahren und Instrumente zugeordnet werden. Abschließend werden die Grundzüge des Vorgehens beschrieben und in Diagrammen dargestellt. Es lassen sich jeweils eine Konzeptions-, eine Durchführungs- und eine Auswertungsphase unterscheiden.

Die in diesem Leitfaden dargestellten Vorgehensweisen sind aus praktischen Erfahrungen gewonnen worden. Dabei zeigte sich, dass nicht alle Verfahren und Instrumente für jedes Gesetzgebungsvorhaben gleichermaßen geeignet sind. Die Auswahl der Prüfkriterien, Verfahren und Instrumente ist bei jeder GFA neu vorzunehmen und richtet sich nach den Regelungszielen, den Eigenheiten des Regelungsfeldes, der Untersuchungsabsicht und den verfügbaren Ressourcen (Zeit, Personal, Finanzen). Diese Flexibilität darf aber nicht zu einem Verzicht auf die wesentlichen Elemente verleiten. Die absichtsgetreue Konzipierung, die Stringenz bei der Durchführung und die methodische Kompetenz bei der Auswertung sind unverzichtbar, um den vollen Nutzen der GFA zu entfalten.

Fachbegriffe, Verfahren und Instrumente, die in diesem Leitfaden verwendet werden, sind im Handbuch zur GFA ausführlich erläutert.

3. Die drei Module der GFA

3.1 Prospektive GFA

Dic prospektive GFA dient der Entwicklung von Regelungsalternativen, deren vergleichender Folgenbeurteilung und der daraus zu ermittelnden optimalen Regelungsmöglichkeit. Grundlage ist eine Regelungsintention. Die Betrachtungsweise ist vorausschauend.

Sie kann eingesetzt werden, um

- die Notwendigkeit einer rechtsförmigen Regelung zu ermitteln,
- Regelungsalternativen zu entwickeln und auf ihre wahrscheinlichen Folgen (Wirkungen, Belastungen, gesellschaftliche Entwicklungen) abzuschätzen und vergleichend zu bewerten,
- die Zweckmäßigkeit der Regelungsalternative zu erfassen,
- die optimale Regelungsalternative herauszufinden.

Typische Fragestellungen für die prospektive GFA:

- Besteht in einem abgegrenzten Bereich ein Regelungsbedarf?
- Wie lässt sich das Regelungsfeld beschreiben?

- Welche alternativen Regelungsmöglichkeiten bestehen und welche – auch langfristigen – Folgen sind jeweils zu erwarten?
- Welche Regelungsalternative erweist sich als optimal?

Die prospektive GFA

- beschreibt und bewertet erwartbare Folgen der Regelungsalternativen,
- verweist auf wahrscheinliche Be- und Entlastungen,
- begründet die optimale Zielerreichung einer Regelungsalternative,
- skizziert die Konturen einer rechtsförmigen Regelung.

Fragestellungen und Instrumente der prospektiven GFA

Im Folgenden werden typischen Aufgaben- und Fragestellungen geeignete Verfahren und Instrumente zugeordnet.

Typische Aufgaben- und Fragestellungen	**Verfahren und Instrumente**
Wenn untersucht werden soll, ob Schwierigkeiten, Hindernisse, Widerstände, Konflikte im Regelungsfeld auftreten und wodurch sie verursacht werden,	bietet sich eine Problemanalyse an. Sie geht von der Beobachtung von Konflikten, Mängeln etc. im Regelungsbereich aus und sucht nach Erklärungsfaktoren für die beschriebenen Probleme (z.B. im Regelungsbereich Wald: Widerspruch zwischen ökologischen Anforderungen einerseits und Freizeitnutzungen andererseits).
Wenn Ziele bestimmt worden sind und gefragt werden soll, wovon die Zielerreichung abhängt,	werden die Ziele mit Hilfe einer Zielanalyse präzisiert und es wird untersucht, welche Maßnahmen die definierten Ziele unterstützen könnten (z.B.: Unterstützt die Bildung von Forstzweckverbänden die effiziente, ordnungsgemäße und nachhaltige Waldwirtschaft?).

Typische Aufgaben- und Fragestellungen	Verfahren und Instrumente
Wenn die Beziehungen von Subsystemen des Regelungsfeldes zueinander analysiert werden sollen,	bietet sich eine Systemanalyse an. Mit diesem Instrument werden relevante Folgenfelder ermittelt und die wechselseitigen Abhängigkeiten (Interdependenzen) zwischen ihnen aufgezeigt (z.B. im Regelungsfeld Pflegeversicherung: Verhältnis der ambulanten Versorgung zur stationären Versorgung).
In jedem Fall müssen bei einer prospektiven GFA – nach der Durchführung dieser Analysen – Regelungsalternativen entwickelt werden. Dafür	bietet es sich an, die fachlichen und politischen Erkenntnisse im Regelungsfeld zu nutzen und zudem grundsätzliche Steuerungsformen des Staates (z.B. zwischen marktorientierter und strikter Steuerung) zu berücksichtigen.
Wenn unterschiedliche Annahmen über Entwicklungen im Regelungsfeld berücksichtigt werden sollen,	können Szenarien aus allgemeinen gesellschaftlichen Entwicklungstrends abgeleitet werden (z.B. im Regelungsbereich Einkaufszentren: Annahmen über Veränderungen des Kaufverhaltens im Zusammenhang mit technologischen Entwicklungen).
Für die Ermittlung von Folgen der Regelungsalternativen – gegebenenfalls unter Berücksichtigung der Szenarien –,	sind externe Experten und Normadressaten einzubeziehen (Workshop, Befragungen). Bei der Folgenermittlung sind die Prüfkriterien Zielerreichung, Kosten-Effektivitäts-Verhältnis, Kompatibilität mit Entwicklungen in anderen Bereichen und Nebenfolgen zu berücksichtigen (z.B. mögliche Auswirkungen eines Anti-Graffiti-Gesetzes auf das Malerhandwerk). Dafür können verschiedene Instrumente genutzt werden, wie z.B.: Delphi-Befragung, Science Court-Verfahren, Nutzwertanalyse, Computer-Simulation, Effektivitäts-Kosten-Abschätzung.

Grundzüge des Vorgehens

Konzeptionsphase

Nach der grundsätzlichen Entscheidung darüber, eine prospektive GFA durchzuführen (Anstoß), ist zunächst unbedingt eine Analyse des Regelungsfeldes vorzunehmen. Hierzu bieten sich Problem-, Ziel- und Systemanalysen an.

Ebenso notwendig ist es, Regelungsalternativen zu entwickeln. Dabei ist es ratsam, neben anderen Alternativen, den Status quo als Null-Alternative zu berücksichtigen. Grundsätzlich empfiehlt es sich, Szenarien des Regelungsumfeldes zu entwerfen, durch die eine gedankliche Vorwegnahme der Rahmenbedingungen erfolgt, in denen die Regelungen zukünftig wirken sollen. In Ausnahmefällen kann auf die Szenarienbildung verzichtet werden.

> *Hinweis:*
> Bei diesen konzeptionellen Arbeiten können Kreativitätstechniken, Literaturauswertungen, Experteninterviews und andere Hilfsinstrumente nützliche Dienste zur Beschreibung, Strukturierung und Systematisierung des jeweiligen Gegenstandes leisten.

Schließlich sollten Instrumente und Verfahren zur Folgenabschätzung wie zum Beispiel die Delphi-Methode oder die Effektivitäts-Kosten-Abschätzung ausgewählt und konzeptionell sowie organisatorisch vorbereitet werden. In jedem Fall soll ein Workshop geplant werden, an dem Experten und Normadressaten teilnehmen.

Durchführungsphase

In dieser Phase sollte zunächst ein Workshop mit Experten aus dem Regelungsfeld sowie Normadressaten durchgeführt werden. Bei der Auswahl dieses Personenkreises sind unter anderem folgende Auswahlkriterien – mit denen eine ergebnisoffene Diskussion ermöglicht werden soll – zu berücksichtigen: Die Normadressaten sollten vom Regelungsfeld direkt betroffen sein. Die Experten sollten unabhängig sein, unterschiedlichen Fachdisziplinen angehören (Interdisziplinarität) und in verschiedenen Bereichen (also Wissenschaft, Staat, Wirtschaft) und Ebenen (Planung / Koordinierung; Vollzug) tätig sein.

Der Workshop dient zum einen der Prüfung der vorher entwickelten Regelungsalternativen im Hinblick auf fachliche Richtigkeit, interne Schlüssigkeit und Vollständigkeit. Zum anderen sollen die Experten und Normadressaten die Regelungsalternativen – gegebenenfalls vor dem Hintergrund der Szenarien – anhand der Prüfkriterien auf zu erwartende Folgen erörtern und beurteilen. Die Ergebnisse sind zu dokumentieren. Bei der Durchführung des Workshops sind ausgewählte – vor allem qualitative – Instrumente zur Folgenabschätzung einzusetzen.

Des Weiteren ist die Anwendung von quantitativen Instrumenten (z.B. Delphi-Befragung) zur empirischen Ermittlung von Folgen der Regelungsalternativen – gegebenenfalls vor dem Hintergrund der Szenarien – nützlich. Hierbei können auch weitere Experten und Normadressaten einbezogen werden. Darüber hinaus sollen die Ergebnisse der qualitativen und quantitativen Erhebungen systematisch in folgenorientierte Systemanalysen einfließen. Diese können auch als Computer-Simulationen mit Hilfe der Informations- und Kommunikationstechnologie erstellt werden.

Auswertungsphase

An die Durchführungsphase der prospektiven GFA schließen sich die systematische Auswertung, Aufbereitung und Dokumentation der Vorgehensweise und der Abschätzungsergebnisse an. Dabei sollen auch Empfehlungen für optimale Regelungsalternativen gegeben werden. Die Auswahl der Regelungsalternative, die rechtsförmig umgesetzt werden soll, erfolgt durch die politische Entscheidungsebene auf der Basis der Ergebnisse der prospektiven GFA.

In Abb. 1 ist die gebräuchliche Vorgehensweise dargestellt.

Abb. 1: Empfohlene Vorgehensweise für eine prospektive GFA

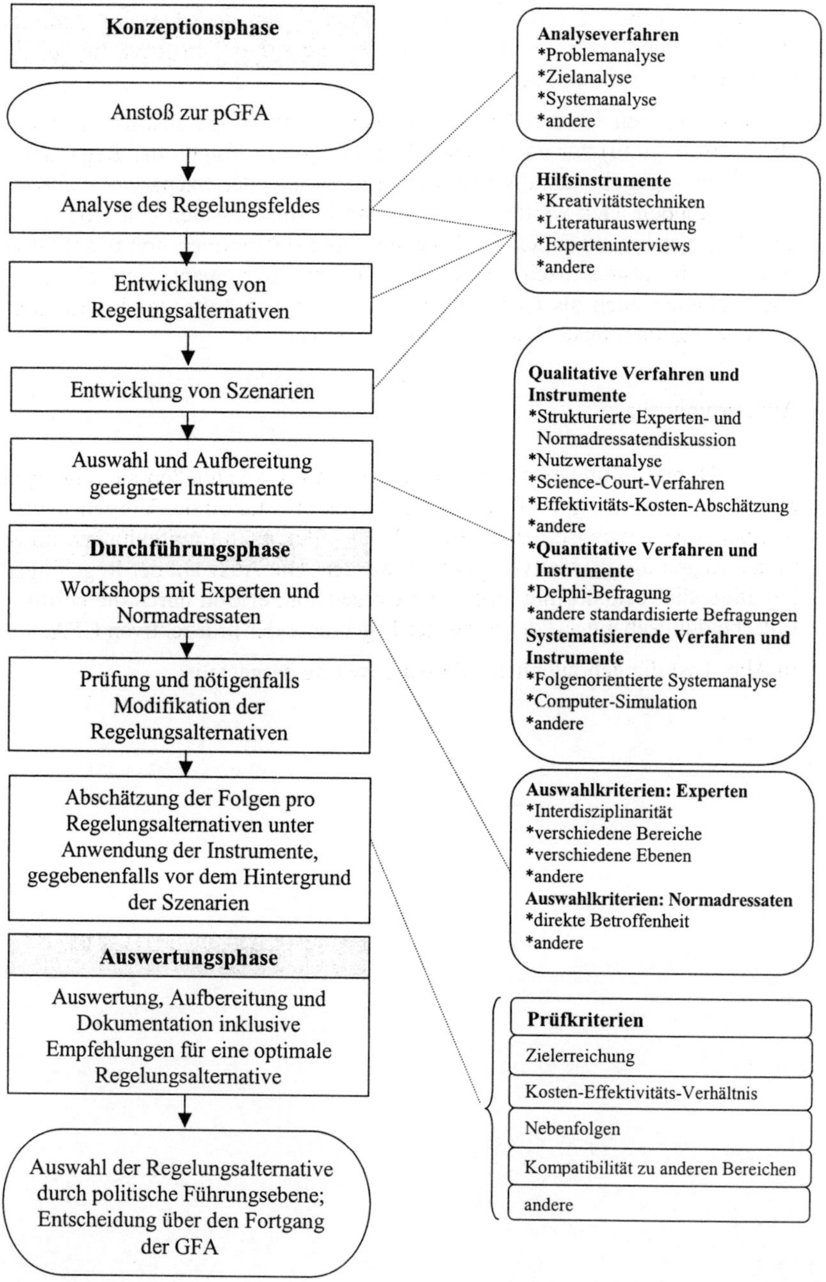

Konzeptionsphase

Anstoß zur pGFA

↓

Analyse des Regelungsfeldes

↓

Entwicklung von Regelungsalternativen

↓

Entwicklung von Szenarien

↓

Auswahl und Aufbereitung geeigneter Instrumente

Durchführungsphase

Workshops mit Experten und Normadressaten

↓

Prüfung und nötigenfalls Modifikation der Regelungsalternativen

↓

Abschätzung der Folgen pro Regelungsalternativen unter Anwendung der Instrumente, gegebenenfalls vor dem Hintergrund der Szenarien

Auswertungsphase

Auswertung, Aufbereitung und Dokumentation inklusive Empfehlungen für eine optimale Regelungsalternative

↓

Auswahl der Regelungsalternative durch politische Führungsebene; Entscheidung über den Fortgang der GFA

Analyseverfahren
*Problemanalyse
*Zielanalyse
*Systemanalyse
*andere

Hilfsinstrumente
*Kreativitätstechniken
*Literaturauswertung
*Experteninterviews
*andere

Qualitative Verfahren und Instrumente
*Strukturierte Experten- und Normadressatendiskussion
*Nutzwertanalyse
*Science-Court-Verfahren
*Effektivitäts-Kosten-Abschätzung
*andere
***Quantitative Verfahren und Instrumente**
*Delphi-Befragung
*andere standardisierte Befragungen
Systematisierende Verfahren und Instrumente
*Folgenorientierte Systemanalyse
*Computer-Simulation
*andere

Auswahlkriterien: Experten
*Interdisziplinarität
*verschiedene Bereiche
*verschiedene Ebenen
*andere
Auswahlkriterien: Normadressaten
*direkte Betroffenheit
*andere

Prüfkriterien
- Zielerreichung
- Kosten-Effektivitäts-Verhältnis
- Nebenfolgen
- Kompatibilität zu anderen Bereichen
- andere

3.2 Begleitende GFA

Die begleitende GFA dient der Prüfung und dem Test von rechtsförmigen Entwürfen oder Entwurfsteilen. Grundlage ist ein Regelungsentwurf. Die Betrachtungsweise ist vorausschauend.

Sie kann eingesetzt werden, um

- einen rechtsförmigen Entwurf nach Prüfkriterien (z. B. Praktikabilität, Kostenfolgen) zu analysieren,
- einen rechtsförmigen Entwurf oder Teile davon realitätsnah zu testen,
- Unsicherheiten über Nebenwirkungen zu verringern,
- einen rechtsförmigen Entwurf zu optimieren.

Typische Fragestellungen für die begleitende GFA:

- Sind die geplanten Regelungen befolgbar und akzeptabel?
- Sind die geplanten Regelungen vollziehbar und effizienzfördernd?
- Stehen Belastungen und Entlastungen (Kosten/Nutzen; Verteilungsoptimalität) insgesamt in einem angemessenen Verhältnis?

Die begleitende GFA

- weist nach, inwieweit die konzipierten Vorschriften befolgbar, vollziehbar, effizienzfördernd, kostengünstig und verteilungsoptimal sind,
- hilft dabei, unnötige Regelungen zu beseitigen und Vereinfachungsmöglichkeiten auszuschöpfen,
- macht Lücken und Mängel kenntlich und schafft Korrekturmöglichkeiten, deckt Widersprüche, Unverständlichkeiten und ungewollte Folgen auf und empfiehlt Wege zu deren Berichtigung oder Minimierung.

Fragestellungen und Instrumente der begleitenden GFA

Im Folgenden werden typischen Aufgaben- und Fragestellungen geeignete Verfahren und Instrumente zugeordnet.

Typische Aufgaben- und Fragestellungen	Verfahren und Instrumente
Wenn ein Regelungsentwurf ganz oder teilweise überprüft werden soll,	sind die hierfür relevanten Prüfkriterien zu wählen (z.B. Vollzugspraktikabilität, Verteilungswirkungen, Verstehbarkeit) unter deren Berücksichtigung sodann die folgenrelevanten Regelungsteile bestimmt werden.
Wenn die Prüfkriterien und die prüfrelevanten Ausschnitte festgelegt sind,	erfolgt die Auswahl der für die Überprüfung geeigneten Testverfahren (z.B. Planspiel) und Prüfinstrumente (z.B. Kostenfolgenanalyse).
Wenn festgestellt werden soll, ob und wie sehr die geplanten Regelungen (Maßnahmen) die Ziele erreichen,	bietet sich vor allem eine Nutzwertanalyse an (z.B.: Welche Regelungen zur Einführung von Steuerplaketten für Kraftfahrzeuge erreichen die Ziele am besten?).
Wenn untersucht werden soll, ob der Normanwender die neuen Vorschriften problemlos und effizient vollziehen kann,	bietet sich ein Praxistest an (z.B.: Funktionieren Gründung und Betrieb von Fahrgemeinschaften?) oder es ist eine Personalaufwandsschätzung hilfreich (z.B.: Entsteht zusätzlicher Personalaufwand durch die Erhebung einer Fehlbelegungsabgabe im sozialen Wohnungsbau?).
Wenn geprüft werden soll, ob die Normadressaten die neuen Vorschriften problemlos und effizient befolgen können,	bieten sich hierfür Planspiel und Praxistest an (z.B.: Ist eine reibungslose Zusammenarbeit bei der Katastrophenbekämpfung gewährleistet?).

Typische Aufgaben- und Fragestellungen	Verfahren und Instrumente
Wenn überprüft werden soll, ob durch die neuen Rechtsvorschriften institutionelle und finanzielle Be- und Überlastungen entstehen könnten,	bieten sich organisationsbezogene Prüfinstrumente an, wie das Funktionendiagramm (z.B.: Wie ist die Belastungsverteilung zwischen Organisationseinheiten bei der Erstellung von Wirtschaftsplänen?) oder die Kostenfolgenanalyse (z.B.: Wie hoch dürften die Bürokratiebelastungen kleiner Betriebe werden?) sowie die Kosten-Nutzen-Analyse (z.B.: Welche Alternative eines Hochschulförderprogramms erreicht ein Verteilungsoptimum?).
Wenn andere Rechtsvorschriften berührt werden oder konfliktäre Wechselwirkungen zwischen Normen vermutet werden,	lassen sich Interdependenz- und Schnittstellenanalysen vornehmen (z.B.: Wie ist die Schnittstelle bezüglich ambulanter Dienste zwischen dem Entwurf des Pflegeversicherungsgesetzes und krankenversicherungsrechtlichen Regelungen zu beurteilen?).
Wenn festgestellt werden soll, ob die Normadressaten die Vorschriftenentwürfe verstehen und deshalb befolgen oder nutzen können,	bieten sich Verständlichkeits- und Konsistenzprüfungen an (z.B.: Sind die Bewertungsgrundsätze für Umweltauswirkungen im Entwurf eines Umweltverträglichkeitsprüfungsgesetzes eindeutig verstehbar?; Ist die Rechtsvorschrift schlüssig aufgebaut?).
Wenn gänzlich neue Sachverhalte erstmals rechtsförmig geregelt werden sollen,	können Akzeptanzstudien und Planspiele eingesetzt werden, um die Reaktion der Normadressaten sowie die des Regelungsfeldes insgesamt abzuschätzen.

Grundzüge des Vorgehens

Konzeptionsphase

Nach der grundsätzlichen Entscheidung darüber, eine begleitende GFA durchzuführen (Anstoß), sind die zweckmäßigen Prüfkriterien (z.B. Vollzugspraktikabilität; Kostenfolgen) und die zu untersuchenden Teile des rechtsförmigen Entwurfs (z.B. Abschnitt x oder §§ y, z) zu bestimmen.

Danach werden die geeigneten Testverfahren (z.B. Planspiel) und Prüfinstrumente (z.B. Kosten-Nutzen-Analyse) unter Berücksichtigung der Prüfkriterien ausgewählt (z.B. kann die Praktikabilität durch einen Praxistest überprüft werden). Schließlich werden die für die jeweilige Fragestellung ausgewählten Tests und Prüfungen konzeptionell und organisatorisch vorbereitet.

Durchführungsphase

In dieser Phase werden die ausgewählten Tests und Prüfungen durchgeführt. Bei der Durchführung von Tests sind möglichst Normadressaten zu beteiligen. Bei der Anwendung von Prüfinstrumenten ist dies ebenfalls ratsam; es sei denn, dass bereits ausreichende Informationen zum Prüfgegenstand (z.B. Kostengrößen) verfügbar sind.

> *Hinweis:*
> Die Aufwendungen für Tests und Prüfungen sind unterschiedlich hoch. Ein Praxistest etwa erfordert einen höheren Ressourceneinsatz (Beteiligte, Zeit, Auswertung) als eine einfache Kostenfolgenanalyse. Der jeweilige Aufwand ist mit den zu erwartenden Verbesserungen abzugleichen.

Auswertungsphase

Es folgt die systematische Auswertung, Aufbereitung und Dokumentation der Test und Prüfergebnisse. Daraus ergeben sich Empfehlungen zur Veränderung und zur Ergänzung des Regelungsentwurfs oder die Regelungsvorschläge werden bestätigt. Aus den Empfehlungen folgt gegebenenfalls eine Modifikation des Regelungsentwurfs.

In Abb. 2 ist die gebräuchliche Vorgehensweise dargestellt.

Abb. 2: Empfohlene Vorgehensweise für eine begleitende GFA

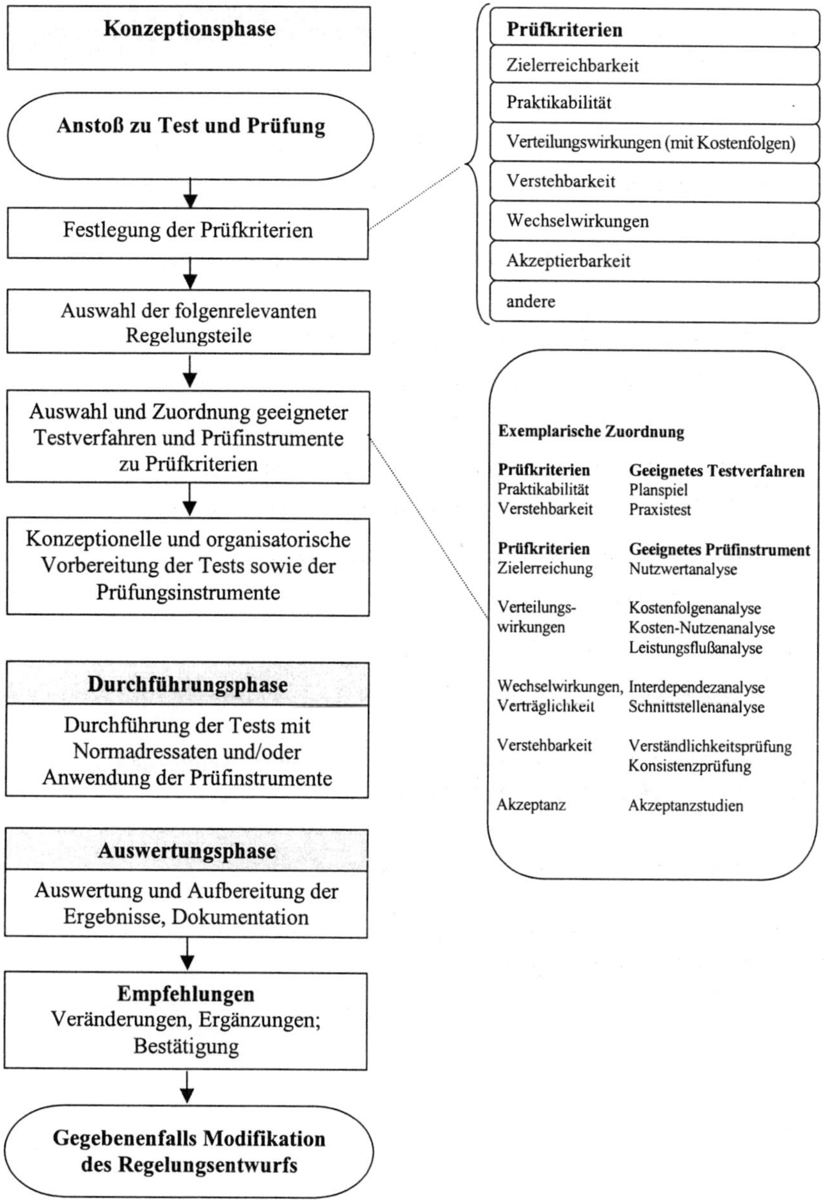

Konzeptionsphase

Anstoß zu Test und Prüfung

Festlegung der Prüfkriterien

Auswahl der folgenrelevanten Regelungsteile

Auswahl und Zuordnung geeigneter Testverfahren und Prüfinstrumente zu Prüfkriterien

Konzeptionelle und organisatorische Vorbereitung der Tests sowie der Prüfungsinstrumente

Durchführungsphase

Durchführung der Tests mit Normadressaten und/oder Anwendung der Prüfinstrumente

Auswertungsphase

Auswertung und Aufbereitung der Ergebnisse, Dokumentation

Empfehlungen
Veränderungen, Ergänzungen; Bestätigung

Gegebenenfalls Modifikation des Regelungsentwurfs

Prüfkriterien
- Zielerreichbarkeit
- Praktikabilität
- Verteilungswirkungen (mit Kostenfolgen)
- Verstehbarkeit
- Wechselwirkungen
- Akzeptierbarkeit
- andere

Exemplarische Zuordnung

Prüfkriterien	**Geeignetes Testverfahren**
Praktikabilität	Planspiel
Verstehbarkeit	Praxistest

Prüfkriterien	**Geeignetes Prüfinstrument**
Zielerreichung	Nutzwertanalyse
Verteilungs-wirkungen	Kostenfolgenanalyse Kosten-Nutzenanalyse Leistungsflußanalyse
Wechselwirkungen, Verträglichkeit	Interdependezanalyse Schnittstellenanalyse
Verstehbarkeit	Verständlichkeitsprüfung Konsistenzprüfung
Akzeptanz	Akzeptanzstudien

3.3 Retrospektive GFA

Die retrospektive GFA soll eingetretene Folgen einer Rechtsvorschrift ermitteln. Die Betrachtungsweise ist rückschauend.

Sie kann eingesetzt werden, um

- die Zielerreichung einer Rechtsvorschrift im Nachhinein zu erfassen,
- Nebenfolgen und weitere eingetretene Effekte einer Rechtsvorschrift zu erkennen,
- Novellierungsbedarf und -umfang der vorhandenen Regelung festzustellen.

Typische Fragestellungen für die retrospektive GFA:

- Sind die Ziele mit den geltenden Regelungen erreicht worden?
- Welche Nebenwirkungen sind aufgetreten und sind diese erheblich?
- In welchem Umfang sind Be- und Entlastungen entstanden?
- Hat sich die Regelung als praktikabel und befolgbar erwiesen?
- Besteht ein Novellierungs- oder Aufhebungsbedarf?

Die retrospektive GFA

- zeigt den Erfolg bestehender Regelungen,
- verdeutlicht Ansatzpunkte für eine Verbesserung der bestehenden Regelung,
- begründet gegebenenfalls eine Novellierung, eine Neufassung einer Rechtsvorschrift oder deren Aufhebung.

Fragestellungen und Instrumente der retrospektiven GFA

Im Folgenden werden typischen Aufgaben- und Fragestellungen geeignete Verfahren und Instrumente zugeordnet.

Typische Aufgaben- und Fragestellungen	Verfahren und Instrumente
Wenn die Folgen einer Rechtsvorschrift evaluiert werden sollen,	sind Prüfkriterien festzulegen. Mögliche Prüfkriterien sind Zielereichungsgrad, Kostenentwicklung, Kosten-Nutzen-Effekte, Akzeptanz, Praktikabilität und Nebeneffekte (z.B. bei einem Brandschutzgesetz: War aufgrund der Zuständigkeitsregelungen eine reibungsfreie Koordination und Kooperation der Einsatzkräfte gewährleistet?).
Wenn der Zielerreichungsgrad der Rechtsvorschriften untersucht wird,	ist es in vielen Fällen ratsam, den Zusammenhang zwischen den Zielen und Maßnahmen der Rechtsvorschrift zu identifizieren und in einem Wirkungsmodell zu veranschaulichen (z.B. Welche Maßnahmen im Pflegeversicherungsgesetz unterstützen das Ziel „ambulante vor stationärer Pflege“? In welchem Zusammenhang steht dieses Ziel mit dem Oberziel „Soziale Absicherung des Risikos der Pflegebedürftigkeit“?).
Wenn gefragt wird, wo Folgen der Rechtsvorschrift auftreten,	kann aus ihren Einzelregelungen ermittelt werden, welche Normadressaten und welche Felder (z.B. Ökologie, Wirtschaft) betroffen sind.
Um die Evaluation erfolgreich durchführen zu können,	ist ein Maßstab zur Beurteilung der zu erhebenden Daten notwendig. Als Vergleichsgrößen für die im Geltungsbereich der Rechtsvorschrift erhobenen Daten sollen möglichst Soll-Werte (z.B. Emissionsgrenzwerte bei Autoabgasen) aus der Rechtsvorschrift herangezogen werden. Sind solche nicht angegeben, so sollten andere Vergleichsarten angewandt werden (Vorher – Nachher; Zeitreihe nach Inkrafttreten der Rechtsvorschrift; Fallstudien).

Typische Aufgaben- und Fragestellungen	Verfahren und Instrumente
Um die Daten für die Evaluation zu erhalten,	können einschlägige Materialien (z.B. Pflegestatistiken) herangezogen und laufende Berichterstattungen veranlasst und genutzt werden. Nötigenfalls sind Feldforschungen und Experten / Adressaten-Workshops durchzuführen.
Wenn die Zeitpunkte für die Evaluation nicht im Gesetz genannt sind,	sind geeignete Zeitpunkte festzulegen. Dazu sollten bereits Anwendungserfahrungen vorliegen (z.B. bei einem Katastrophenschutzgesetz: Sind erste Schadensfälle im Geltungszeitraum des Gesetzes aufgetreten?).
Um die Auswertung der relevanten Daten durchführen zu können,	sind geeignete statistische und inhaltsanalytische Verfahren einzusetzen (z.B. Zeitreihenanalyse).
Um die eingetretenen Folgen der Rechtsvorschrift zu bewerten,	wird untersucht, ob die Ziele in dem beabsichtigen Ausmaß erreicht wurden, ob die Regelungen akzeptiert werden, ob die Nebenfolgen und die Kostenentwicklungen akzeptabel sind. Außerdem ist zu prüfen, ob sich die aufgrund der Rechtsvorschrift angewandten Abläufe als praktikabel erwiesen haben.

Grundzüge des Vorgehens

Konzeptionsphase

Nach der grundsätzlichen Entscheidung darüber, eine retrospektive GFA durchzuführen (Anstoß), sind zunächst die Prüfkriterien festzulegen. Zentrale Prüfkriterien sind Zielerreichungsgrad, Kostenentwicklungen, Kosten-Nutzen-Effekte, Akzeptanz der Regelung, Praktikabilität und Nebenfolgen.

Soll der Zielerreichungsgrad evaluiert werden, so ist zunächst das Wirkungsmodell zu beschreiben, das der Rechtsvorschrift zugrunde liegt. Das Wirkungsmodell gibt den in der Rechtsvorschrift angenommenen Gesamtzusammenhang zwischen den Regelungszielen und den darauf gerichteten Einzelmaßnahmen an.

Anschließend erfolgt die Festlegung des Evaluationsumfangs. Es wird entschieden, welche Teile der Regelung untersucht werden sollen. Für die Evaluation einer Rechtsvorschrift im Hinblick auf die Prüfkriterien sind die realen Entwicklungen bezüglich dieser Kriterien im Geltungsbereich der Rechtsvorschrift vergleichend zu analysieren. Als Vergleichsmaßstab sollten möglichst Soll-Werte der Rechtsvorschrift verwendet werden (Soll-Ist-Vergleich). Wenn diese nicht verfügbar sind, dann können folgende Vergleichsgrößen herangezogen werden:

- Daten und Entwicklungen im Geltungszeitraum des Gesetzes im Vergleich mit entsprechenden Daten vor Inkrafttreten des Gesetzes (Vorher-Nachher-Vergleich),
- Daten und Entwicklungen nach Inkrafttreten der Rechtsvorschrift zu unterschiedlichen Zeitpunkten (Ex-post-Analyse in Form einer Zeitreihe nach Inkrafttreten der Rechtsvorschrift),
- Daten und Entwicklungen im Geltungsbereich der Rechtsvorschrift im Vergleich mit entsprechenden Daten im Geltungsbereich einer die gleiche Regelungsmaterie betreffenden anderen Rechtsvorschrift (Fallstudien; z.B. Vergleich von Regelungen in vergleichbaren Länder).

Die geeignete Vergleichsart oder eine Kombination von Vergleichsarten müssen in jedem einzelnen Fall bestimmt werden.

Im Anschluss sind Vermutungen (Hypothesen) bezüglich der Prüfkriterien messbar zu formulieren; es ist also eine Operationalisierung vorzunehmen (z.B.: Das Pflegeversicherungsgesetz führt zu einem erhöhten Anteil der ambulanten Pflege am gesamten Pflegeaufkommen). Danach ist zu bestimmen, wann und wo die Datenerhebung erfolgen soll. Dann ist die Art der Datenerhebung auszuwählen sowie konzeptionell und organisatorisch vorzubereiten. Die Datenerhebung kann durch fortlaufende Berichte, durch Feldforschung und durch Experten/Adressaten-Workshops geschehen. Es können auch einschlägige Materialien (z.B. Statistiken) herangezogen werden. Weiterhin sollten die Auswertungsverfahren für die zu erhebenden Daten angegeben werden.

Durchführungsphase

In dieser Phase ist die Datenerhebung durchzuführen. Sie erfolgt nach den empirisch-analytischen Regeln.

Auswertungsphase

Die erhobenen Daten werden vergleichend ausgewertet. Je nach der Art (qualitative, quantitative Daten) sind vor allem inhaltsanalytische Verfahren oder statistische Auswertungsverfahren anzuwenden. Anschließend werden die Ergebnisse verglichen. Die Qualität der Rechtsvorschrift wird bezüglich der ausgewählten Prüfkriterien bewertet. Bei der Bewertung sollten unter anderem folgende Fragen beachtet werden:

- Wurden die Ziele in dem beabsichtigten Ausmaß erreicht?
- Sind die Nebenfolgen und Kostenentwicklungen hinnehmbar?
- Sind die vorgeschriebenen Abläufe praktikabel?
- Werden die Regelungen akzeptiert?
- Trifft der in der Rechtsvorschrift enthaltene Zusammenhang zwischen Zielen und den darauf bezogenen Einzelmaßnahmen zu, trifft also das der Rechtsvorschrift zugrundeliegende Wirkungsmodell zu?

Die Vorgehensweise und die Auswertungsergebnisse inklusive Empfehlungen sind zu dokumentieren. Als Ergebnis kann die Novellierung, Aufhebung oder Neufassung der untersuchten Regelung vorgeschlagen und skizziert werden. Ergebnis kann aber auch die Empfehlung sein, die Regelung, wenn sie sich bewährt hat, unverändert fortbestehen zu lassen. Die Entscheidung über die Novellierung, die Aufhebung, die Neufassung oder den unveränderten Fortbestand der Regelungen obliegt den jeweils politisch verantwortlichen Institutionen (dem Parlament; bzw. dem jeweils zuständigen exekutiven Organ).

In Abb. 3 ist die gebräuchliche Vorgehensweise dargestellt.

Abb. 3: Empfohlene Vorgehensweise für eine retrospektive GFA

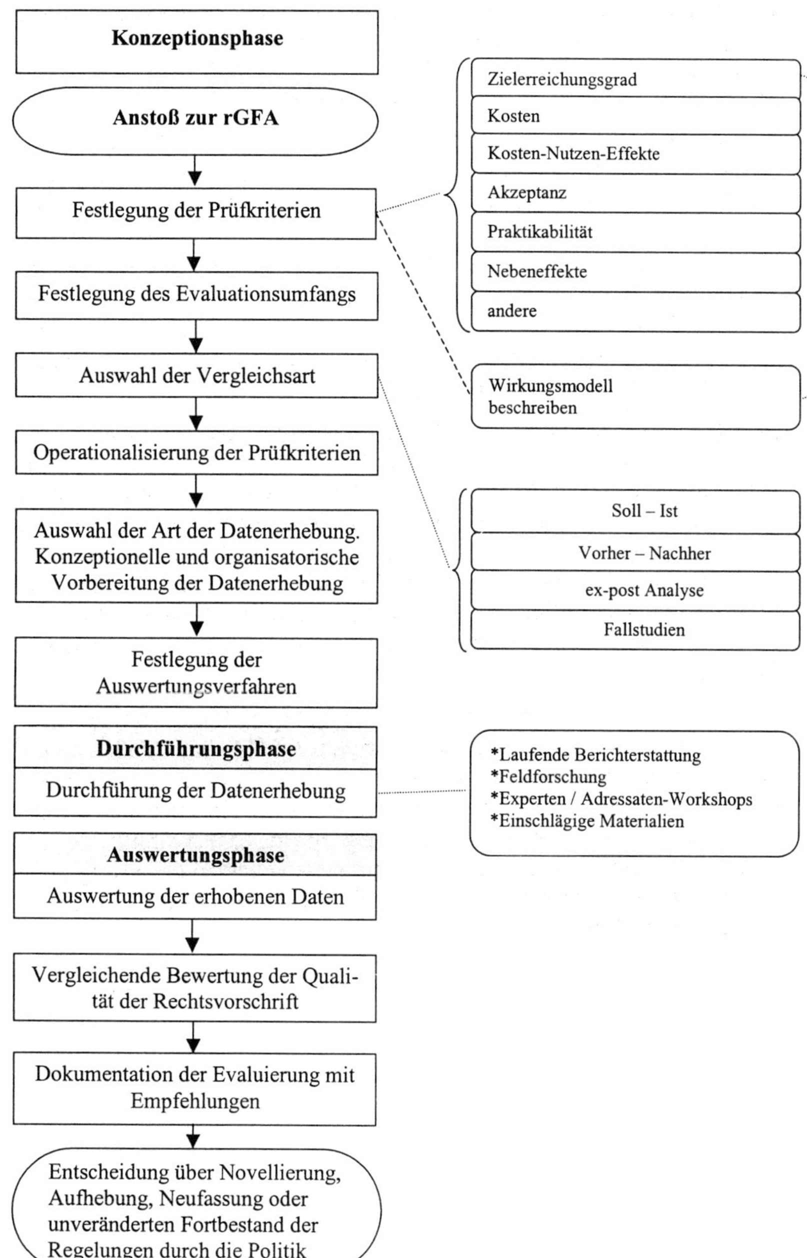

4. Hinweise für Anwender

Dieser Leitfaden kann nur die Prinzipien, Module und Vorgehensweisen der Gesetzesfolgenabschätzung darstellen, und dies so, wie sie sich bereits in der Praxis bewährt haben. Dieser generelle Zugang kann auf mehrfache Weise unterstützt werden. Dafür bieten sich **drei Ergänzungen** an:

1. Bei der Durchführung einer GFA hilft das ausführliche **Handbuch zur Gesetzesfolgenabschätzung** weiter. Als praxisorientierte Arbeitshilfe enthält dieses erste GFA-Handbuch eine ausführliche Beschreibung der im Leitfaden erwähnten Verfahren und Instrumente für jedes der drei GFA-Module. Diese werden ergänzt durch praxiserprobte Anwendungen und Durchführungserfahrungen. Im Handbuch erleichtern ein Glossar und ein Stichwortverzeichnis die Benutzung ebenso wie Hinweise auf die Leistungsfähigkeit der einzelnen Verfahren und Instrumente, den jeweiligen Aufwand und die Hilfsangebote.

2. Anwendungsbezogene **Fortbildungsveranstaltungen** erleichtern sowohl den Zugang zur GFA als auch die Aneignung des Umgangs mit den Verfahren und Instrumenten. Projektorientierte Seminare zu einem Regelungsvorhaben oder anhand nachvollziehbarer Erprobungsbeispiele werden angeboten und bei Bedarf durchgeführt durch die Bundesakademie für öffentliche Verwaltung, die Deutsche Hochschule für Verwaltungswissenschaften Speyer / Forschungsinstitut für öffentliche Verwaltung, das Land Baden-Württemberg und teilweise auch von anderen Ländern.

3. Alle Erfahrungen mit der Entwicklung und Durchführung von GFA belegen, dass dieser herausfordernde Prozess in erheblichem Maße von einer funktionierenden **Zusammenarbeit** zwischen politischer Entscheidungsebene, gesetzesvorbereitenden Organisationseinheiten und externem (Methoden-) Sachverstand abhängt. Solche „GFA-Bündnisse auf Zeit“ waren bisher und sind auch weiterhin die Garanten des Erfolgs, der sich in weniger, dafür besseren, schlankeren und leichter verstehbaren Regelungen äußert.

Ausgewählte Literatur zum Leitfaden

Handbuch

Böhret, Carl / Konzendorf, Götz, Handbuch zur Gesetzesfolgenabschätzungen, Berlin 2000 (mit weiteren Literaturhinweisen und vertieften Informationen; erscheint voraussichtlich Ende 2000).

Aufsätze

Böhret, Carl / Konzendorf, Götz, Gesetzesfolgenabschätzungen (GFA): Modisch oder hilfreich?, in: Schreckenberger, Waldemar / Merten, Detlef (Hrsg.), Grundfragen der Gesetzgebungslehre, Berlin 2000.

Bussmann, Werner, Die Methodik der prospektiven Gesetzesevaluation, in: Gesetzgebung heute (LeGes), 3/1997, S. 109 ff.

Grimm, Christoph / Brocker, Lars, Die Rolle der Parlamente im Prozeß der Gesetzesfolgenabschätzung, in: Zeitschrift für Gesetzgebung, 14. Jhg., 1999, S. 58 ff.

Konzendorf, Götz, Gesetzesfolgenabschätzung, in: Universitas – Zeitschrift für interdisziplinäre Wissenschaft, 54. Jhg., Oktober 1999, S. 952 ff.

Konzendorf, Götz, Gesetzesfolgenabschätzung, in: Bandemer, Stephan von / Blanke, Bernhard / Nullmeier, Frank / Wewer, Göttrik (Hrsg.), Handbuch zur Verwaltungsreform, Opladen 2004 (im Druck).

Neuser, Klaus, Mehr Rationalität durch Gesetzesfolgenabschätzung?, in: Niedersächsische Verwaltungsblätter, 5. Jhg., 11/1998, S. 249 ff.

Sammelbände

Hill, Hermann / Hof, Hagen (Hrsg.), Wirkungsforschung zum Recht II. Verwaltung als Adressat und Akteur, Baden-Baden 2000.

Hof, Hagen / Lübbe-Wolf, Gertrud (Hrsg.), Wirkungsforschung zum Recht I. Wirkungen und Erfolgsbedingungen von Gesetzen, Baden-Baden 1999.

Zeitschriften, die sich mit dem Thema Gesetzesfolgenabschätzung befassen:

Zeitschrift für Gesetzgebung, Heidelberg.
Gesetzgebung heute (LeGes), Bern.

I. SPEYERER FORSCHUNGSBERICHTE

(institutseigene Reihe, über das Institut zu beziehen)

Nr. 210 *Götz Konzendorf* (Hrsg.), Neuorganisation der Mittelinstanzen - Konzeptionen und Umsetzung, August 2000.

Nr. 211 *Klaus König* (Hrsg.), Verwaltung und Verwaltungsforschung - Deutsche Verwaltung an der Wende zum 21. Jahrhundert, August 2000.

Nr. 212 *Klaus Lüder,* Entwicklung und Stand der Reform des Haushalts- und Rechnungswesens in Australien, August 2000.

Nr. 213 *Giovanna Landi,* Industrial Permitting and Inspections in Italy. Legal framework, procedures, environmental impact assessment and major accident prevention at the national level, in Emilia Romagna and in Lombardy (in Vorbereitung).

Nr. 214 *Gisela Färber,* Theorie und Praxis kommunaler Gebührenkalkulation, Dezember 2000.

Nr. 215 *Jan Ziekow* (Hrsg.), Das Widerspruchsverfahren in Rheinland-Pfalz - Bestandsaufnahme, Probleme, Perspektiven -, Februar 2001; 2., unveränderte Aufl. Juni 2001.

Nr. 216 *Alexandra Unkelbach,* Vorbereitung und Übernahme staatlicher Entscheidungen durch plural zusammengesetzte Gremien - Empirische und rechtliche Eckdaten des deutschen Gremienwesens auf Bundesebene -, Mai 2001.

Nr. 217 *Ulrike Haerendel,* Die Anfänge der gesetzlichen Rentenversicherung in Deutschland. Die Invaliditäts- und Altersversicherung von 1889 im Spannungsfeld von Reichsverwaltung, Bundesrat und Parlament, Februar 2001.

Nr. 218 *Hans Herbert von Arnim/Stefan Brink,* Methodik der Rechtsbildung unter dem Grundgesetz. Grundlagen einer verfassungsorientierten Rechtsmethodik, Februar 2001.

Nr. 219 *Klaus König/Markus Adam* (Hrsg.), Governance als entwicklungspolitischer Ansatz, März 2001.

Nr. 220 *Hermann Hill* (Hrsg.), Parlamentarische Steuerungsordnung, März 2001.

Nr. 221 *Jan Ziekow/Thorsten Siegel,* Gesetzliche Regelungen der Verfahrenskooperation von Behörden und anderen Trägern öffentlicher Belange - Empirische Untersuchungen mit rechtlichen Einführungen -, Juni 2001.

Nr. 222 *Angelika Benz/Natascha Füchtner* (Hrsg.), Einheit und Vielfalt - Verwaltung im Wandel, Mai 2001.

Nr. 223 *Kai-Olaf Jessen*, Neuere Ansätze parlamentarischer Steuerung und Kontrolle, Oktober 2001.

Nr. 224 *Helmut Klages/Kai Masser* (Arbeitsstelle für Verwaltungsbefragungen [AfV]), Mitarbeiterbefragung in der Saarländischen Landesverwaltung - Befragung von 21 Dienststellen -, Mai 2002.

Nr. 225 *Karl-Peter Sommermann* (Hrsg.), Folgen von Folgenforschung. Forschungssymposium anlässlich der Emeritierung von Universitätsprofessor Dr. Carl Böhret am 16./17. November 2001, Mai 2002.

Nr. 226 *Heinrich Reinermann/Jörn von Lucke* (Hrsg.), Electronic Government in Deutschland, Ziele • Stand • Barrieren • Beispiele • Umsetzung, Juli 2002; 2., unveränderte Aufl. Dezember 2002.

Nr. 227 *Peter Wordelmann* unter Mitarbeit von *Ariane Böttcher, Thomas Gregor, Jörg Regenaermel und Sylvia Veit,* Gesetzesfolgenabschätzung zum Entwurf eines Kinder- und Jugendhilfegesetzes des Landes Sachsen-Anhalt, Juli 2002.

Nr. 228 *Heike Amos*, Zur Geschichte des Forschungsinstituts für öffentliche Verwaltung bei der (Deutschen) Hochschule für Verwaltungswissenschaften Speyer 1956/1962-2001, November 2002.

Nr. 229 *Jan Ziekow* (Hrsg.), Public Private Partnership - Projekte, Probleme, Perspektiven -, in Zusammenarbeit mit dem Bundesministerium des Innern und der Initiative D 21, März 2003.

Nr. 230 *Karl-Peter Sommermann* (Hrsg.), Aktuelle Fragen zu Verfassung und Verwaltung im europäischen Mehrebenensystem, April 2003; 2., unveränderte Auflage, Juli 2003.

Nr. 231 *Klaus Lüder*, Dokumentation Eröffnungsbilanz - Pilotprojekt Stadt Uelzen -, April 2003.

Nr. 232 *Gisela Färber/Nils Otter* (Eds.), Reforms of Local Fiscal Equalization in Europe, September 2003.

Nr. 233 *Carsten Brenski* (Hrsg.) im Auftrag des Unterausschusses Allgemeine Verwaltungsorganisation des Arbeitskreises VI der Innenministerkonferenz, Aktivitäten auf dem Gebiet der Staats- und Verwaltungsmodernisierung in den Ländern und beim Bund 2003/2004 (in Vorbereitung).

Nr. 234 *Carl Böhret/Götz Konzendorf,* Guidelines on Regulatory Impact Assessment (RAI) - Leitfaden zur Gesetzesfolgenabschätzung (GFA), prepared for the Federal Ministry of the Interior and for the Ministry of the Interior of Baden-Wuerttemberg, Dezember 2004.

II. Selbständige Verlagspublikationen

(nur im Buchhandel erhältlich)

179. *Carl Böhret/Götz Konzendorf*, Handbuch Gesetzesfolgenabschätzung (GFA). Gesetze, Verordnungen, Verwaltungsvorschriften, Baden-Baden 2001.

180. *Gerd Eckstein,* Regionale Strukturpolitik als europäischer Kooperations- und Entscheidungsprozeß, Europäische Hochschulschriften, Reihe XXXI Politikwissenschaft, Bd. 440, Frankfurt am Main 2001.

181. *Klaus König/Markus Adam/Benedikt Speer/Christian Theobald,* Governance als entwicklungs- und transformationspolitisches Konzept, Schriftenreihe der Hochschule Speyer, Bd. 151, Berlin 2002.

182. *Klaus König* (Hrsg.), Deutsche Verwaltung an der Wende zum 21. Jahrhundert, Baden-Baden 2002.

183. *Karin Tondorf/Reinhard Bahnmüller/Helmut Klages* unter Mitarbeit von Raimund Brenner, Steuerung durch Zielvereinbarungen - Anwendungspraxis, Probleme, Gestaltungsüberlegungen, Schriftenreihe Modernisierung des öffentlichen Sektors, Sonderband 17, Berlin 2002.

184. *Ulrich Albertshauser,* Verselbständigung von Verwaltungsorganisationen als Modernisierungsstrategie?, Berlin 2002.

185. *Karl-Peter Sommermann/Jan Ziekow* (Hrsg.), Perspektiven der Verwaltungsforschung. Beiträge zur Wissenschaftlichen Arbeitstagung aus Anlass des 25-jährigen Bestehens des Forschungsinstituts für öffentliche Verwaltung vom 8. bis 10. Oktober 2001 in Speyer, Schriftenreihe der Hochschule Speyer, Bd. 154, Berlin 2002.

186. *Wito Schwanengel,* Einwirkungen der Landesparlamente auf die Normsetzung der Exekutive. Verordungsgebung unter Parlamentseinfluß, Beiträge zum Parlamentsrecht, Bd. 55, Berlin 2002.

187. *Dieter Duwendag* (Hrsg.), Reformen in Russland und die deutsch-russischen Wirtschaftsbeziehungen, Schriften zur monetären Ökonomie, Bd. 46, Baden-Baden 2002.

188. *Thomas Steigleder,* Kontrollierte Selbstregulierung in der naturwissenschaftlich-technischen Forschung, Baden-Baden 2002.

189. *Elmar Döhler,* Autonome Besteuerungsrechte für Gliedstaaten und Gemeinden in ausgewählten föderativen Finanzverfassungen, INFER Research Edition, Vol. 7, Berlin 2002.

190. *Jörn von Lucke,* Regieren und Verwalten im Informationszeitalter, Schriftenreihe der Hochschule Speyer, Bd. 156, Berlin 2003.

191. *Heike Amos,* Politik und Organisation der SED-Zentrale 1949-1963. Struktur und Arbeitsweise von Politbüro, Sekretariat, Zentralkomitee und ZK-Apparat, Münster/Hamburg/London 2003.

192. *Stefan Koch/Jürgen Kaschube/Rudolf Fisch* (Hrsg.), Eigenverantwortung für Organisationen, Schriftenreihe Wirtschaftspsychologie, Göttingen/Bern/Toronto/Seattle 2003.

193. *Dorothea Jansen/Mike Weber,* Zur Organisation des Gründungserfolgs. Eine organisationstheoretische Untersuchung des Erfolgs neu gegründeter Betriebe im Ruhrgebiet, Wiesbaden 2003.

194. *Holger Holzwart,* Der rechtliche Rahmen für die Verwaltung und Finanzierung der gemeinschaftlichen Strukturfonds am Beispiel des EFRE, Schriften zum Europäischen Recht, Bd. 96, Berlin 2003.

195. *Jan Ziekow* (Hrsg.), Verwaltungswissenschaften und Verwaltungswissenschaft. Forschungssymposium anlässlich der Emeritierung von Univ.-Prof. Dr. Dr. Klaus König, Schriftenreihe der Hochschule Speyer, Bd. 159, Berlin 2003.

196. *Hans Herbert von Arnim,* 9053 Euro Gehalt für Europaabgeordnete? Der Streit um das europäische Abgeordnetenstatut, Berlin 2004.

197. *Heinrich Siedentopf/Benedikt Speer* (unter Mitarbeit von Alexandra Unkelbach), Auslandserfahrung und Fremdsprachenkenntnisse in der Einstellungs- und Entsendepraxis des deutschen höheren Ministerialdienstes, Studie im Auftrag der „Berliner Initiative"/Robert Bosch Stiftung, Berlin 2004.

198. *Eberhard Bohne/Charles F. Bonser/Kenneth M. Spencer* (eds.), Transatlantic Perspectives on Liberalization and Democratic Governance, Transatlantic Public Policy Series 1, Münster 2004.

199. Innenministerium des Landes Nordrhein-Westfalen (Hrsg.), Befreiung von den Vorschriften der VOB/A Erster Abschnitt, Düsseldorf 2004.

200. *Antje Draheim,* Probleme der finanzpolitischen Willensbildung in Europa. Eine kritische Analyse der europäischen Haushalts- und Finanzverfassung, Finanzwissenschaftliche Schriften, Bd. 111, Frankfurt am Main 2004.

201. *Tobias Bräunlein,* Integration der Gesetzesfolgenabschätzung ins Politisch-Administrative System der Bundesrepublik Deutschland, Beiträge zur Politikwissenschaft, Bd. 86, Frankfurt am Main 2004.

202. *Hans Herbert von Arnim/Martin Schurig,* Die EU-Verordnung über die Parteienfinanzierung, Recht: Forschung und Wissenschaft, Bd. 4, Münster 2004.

203. *Dieter Beck/Christoph Best/Rudolf Fisch/Karl-Heinz Rother* (Hrsg.), Partizipation und Landschaftsplanung im Kontext der Lokalen Agenda 21. Beteiligungsformen als Strategien zur Planerstellung und -umsetzung in Wissenschaft und Praxis, Schriftenreihe der Hochschule Speyer, Bd. 166, Berlin 2004.

III. FÖV DISCUSSION PAPERS

(institutseigene Reihe, über das Institut zu beziehen)

Nr. 1 *Gisela Färber*, Efficiency Problems of Administrative Federalism, März 2002.

Nr. 2 *Eberhard Bohne/Sabine Frenzel*, Formale und informale Ordnung des Zugangs zum Strommarkt, März 2003.

Nr. 3 *Dorothea Jansen*, Supporting Newly Founded Firms - Personal and Professional Networks, Juli 2003.

Nr. 4 *Hans Herbert von Arnim/Martin Schurig*, The Statute for Members of the European Parliament, September 2003; 2., unveränderte Auflage Oktober 2003.

Nr. 5 *Stefan Koch/Dieter Beck,* Verwaltungspsychologie: Begriffsbestimmung und Forschungsgebiete, September 2003.

Nr. 6 *Hans Herbert von Arnim,* Political finance: Checks and Abuses Current problems and new developments, Dezember 2003.

Nr. 7 *Hans Herbert von Arnim,* A salary of 9,053 Euros for Members of the European Parliament?, Januar 2004.

Nr. 8 *Dorothea Jansen,* Networks, social capital and knowledge production, Februar 2004.

Nr. 9 *Kira Baranova,* Föderative Steuersysteme und Wirtschaftsintegration zwischen Russland und Europa, Mai 2004.

Nr. 10 *Nils Otter,* Föderalismus und Staatsaufgaben – Ein Analyserahmen zum Vergleich alternativer Möglichkeiten der Aufgabenerteilung im föderativen Staat, September 2004.

Nr. 11 *Dorothea Jansen*, Governance of research networks, Oktober 2004.

Nr. 12 *Rainer Pitschas*, Looking Behind New Public Management. "New" Values of Public Administration and the Dimensions of Personnel Management in the Beginning of the 21st Century, Oktober 2004.

Nr. 13 *Helmut Klages,* Wie marode sind die Deutschen? Ein empirischer Beitrag zur Mentalitätsdebatte, Oktober 2004.

Nr. 14 *Arne Franz*, Der Kommunikationsprozess zwischen Verwaltung und Bürgern. Typisierungen, Charakteristika, Auswirkungen auf die Modellierung von Kommunikationsangeboten, November 2004.

Nr. 15 *Helmut Klages/Carmen Daramus/Kai Masser*, Vertrauensverlust in der Demokratie – Lösen Beteiligungsstrategien das Problem?, November 2004.